O EVANGELHINHO SEGUNDO O ESPIRITISMO

LAURA BERGALLO

O
EVANGELHINHO
SEGUNDO O
ESPIRITISMO

Lachâtre
Jovem

© 2009 Laura Bergallo

Direitos de publicação cedidos pelo autor ao
Instituto Lachâtre
Rua Roque Leitao 5 Anexo C5E5 Fds
Vila Gustavo, São Paulo SP
02209-050
Telefone: 11 2277-1747
Site: www.lachatre.com.br
E-mail: editora@lachatre.org.br

4.ª edição – 10.ª reimpressão – junho de 2025
2.000 exemplares

PROGRAMAÇÃO VISUAL DE CAPA
Andrei Polessi

ILUSTRAÇÃO DA CAPA
Rita Foelker

PROJETO GRÁFICO DE MIOLO
Fernando Luiz Fabris

A reprodução parcial ou total desta obra, por qualquer meio,
somente será permitida com a autorização por escrito da editora.
(Lei nº 9.610 de 19.02.1998)

Impresso no Brasil
Presita en Brazilo

CIP-BRASIL. CATALOGAÇÃO NA FONTE

B493h   Bergallo, Laura.

      O evangelhinho segundo o espiritismo / Laura Bergallo. São
Paulo, SP: Lachâtre Jovem, 2025.

176 p.
ISBN 978-85-65518-15-4

1. Espiritismo. 2. Literatura infantil e juvenil. I. Título.

CDD 133.9	CDU 133.7
869.8B	869

Ninguém acende uma lâmpada para colocá-la debaixo da mesa; ao contrário, ela é colocada numa luminária no teto, para que ilumine a todos os que estejam na casa.

(Mateus, capítulo 5, versículo 15)

A todos os que anseiam pela luz do entendimento.

Sumário

Allan Kardec e *O evangelho segundo o espiritismo,* **13**
  Como nasceu este livro, 17

Capítulo 1 – Não vim destruir a lei, 21
  As três revelações – Moisés, Cristo, espiritismo, 21
  A primeira revelação, 21
  A segunda revelação, 22
  A terceira revelação, 22
  Aliança da ciência e religião, 23
  Neste capítulo, os espíritos ensinam, 23

Capítulo 2 – Meu reino não é deste mundo, 25
  A vida futura, 25
  A realeza de Jesus, 26
  O ponto de vista, 26
  Neste capítulo, os espíritos ensinam, 27

Capítulo 3 – Na casa de meu Pai existem muitas moradas, 29
  Diferentes estados de alma na erraticidade, 29
  Diferentes categorias de mundos habitados, 30
  Destinação da Terra, 30
  Causas das misérias terrenas, 31
  Neste capítulo, os espíritos ensinam, 31

Capítulo 4 – Ninguém poderá ver o reino de Deus se não nascer de novo, 37
  Ressurreição e reencarnação, 38
  A reencarnação fortalece os laços de família, mas a unicidade

da existência os rompe, 40
Neste capítulo, os espíritos ensinam, 42
Neste capítulo, Kardec ensina, 43

Capítulo 5 – Bem-aventurados os aflitos, 45
Justiça das aflições, 45
Causas atuais das aflições, 46
Causas anteriores das aflições, 47
Esquecimento do passado, 50
Motivos de resignação, 51
O suicídio e a loucura, 51
Neste capítulo, os espíritos ensinam, 52

Capítulo 6 – O Cristo consolador, 57
O fardo leve, 57
O consolador prometido, 57
Neste capítulo, os espíritos ensinam, 58

Capítulo 7 – Bem-aventurados os pobres de espírito, 61
O que significa "pobres de espírito", 61
Aquele que se eleva será rebaixado, 62
Mistérios ocultos aos cultos e aos prudentes, 64
Neste capítulo, os espíritos ensinam, 65

Capítulo 8 – Bem-aventurados os que têm o coração puro, 67
Simplicidade e pureza de coração, 67
Pecado por pensamentos. Adultério, 68
A pureza verdadeira. Mãos não lavadas, 68
Escândalos. Se sua mão é motivo de escândalo, corte-a, 70
Neste capítulo, os espíritos ensinam, 71
Neste capítulo, Kardec ensina, 71

Capítulo 9 – Bem-aventurados os brandos e pacíficos, 73
Injúrias e violências, 73
Neste capítulo, os espíritos ensinam, 74

Capítulo 10 – Bem-aventurados os que são misericordiosos, 76
Perdoem, para que Deus os perdoe, 76
Reconciliação com os inimigos, 78
O sacrifício mais agradável a Deus, 78

O cisco e o grão no olho, 79

Não julguem, para que não sejam julgados. Que atire a primeira pedra aquele que estiver sem pecado, 79

Neste capítulo, os espíritos ensinam, 80

Capítulo 11 – Amar o próximo como a si mesmo, 83

Deem a César o que é de César, 84

Neste capítulo, os espíritos ensinam, 85

Capítulo 12 – Amem os seus inimigos, 87

Retribuir o mal com o bem , 87

Os inimigos desencarnados, 89

Se alguém bater em sua face direita, ofereça-lhe também a esquerda, 89

Neste capítulo, os espíritos ensinam, 90

Neste capítulo, Kardec ensina, 91

Capítulo 13 – Que a sua mão esquerda não saiba o que dá a sua mão direita, 93

Fazer o bem sem ostentação, 93

Infortúnios ocultos, 94

O donativo da viúva, 94

Convidar os pobres e os estropiados. Dar sem esperar retribuição, 95

Neste capítulo, os espíritos ensinam, 96

Capítulo 14 – Honrem seu pai e sua mãe, 99

Deveres filiais, 99

Quem é minha mãe e quem são meus irmãos?, 100

A família corporal e a família espiritual, 100

Neste capítulo, os espíritos ensinam, 101

Capítulo 15 – Fora da caridade não há salvação, 105

Do que necessita o espírito para ser salvo. Parábola do bom samaritano, 105

O mandamento maior, 107

Necessidade da caridade, segundo Paulo, 108

Fora da Igreja não há salvação. Fora da verdade não há salvação, 108

Neste capítulo, os espíritos ensinam, 109

Capítulo 16 – Não se pode servir a Deus e às riquezas, 111
Salvação dos ricos, 111
Evitar a avareza, 112
Jesus na casa de Zaqueu, 112
Parábola do mau rico, 113
Parábola dos talentos, 114
Utilidade providencial da riqueza. Provas da riqueza e da miséria, 115
Desigualdade das riquezas, 116
Neste capítulo, os espíritos ensinam, 117

Capítulo 17 – Sejam perfeitos, 119
Caracteres da perfeição, 119
O homem de bem, 120
Os bons espíritas, 120
Parábola do semeador, 121
Neste capítulo, os espíritos ensinam, 122

Capítulo 18 – Muitos são os chamados, poucos os escolhidos, 125
Parábola da festa de casamento, 125
A porta estreita, 126
Nem todos os que dizem "Senhor! Senhor!" entrarão no reino dos céus, 128
Muito será pedido àquele que muito recebeu, 128
Neste capítulo, os espíritos ensinam, 130

Capítulo 19 – A fé move montanhas, 132
A fé religiosa. Condição de fé inabalável, 132
Parábola da figueira que secou, 133
Neste capítulo, os espíritos ensinam, 134

Capítulo 20 – Os trabalhadores da última hora, 135
Neste capítulo, os espíritos ensinam, 136

Capítulo 21 – Haverá falsos cristos e falsos profetas, 139
Conhece-se a árvore pelo seu fruto, 139
Neste capítulo, os espíritos ensinam, 140

Capítulo 22 – Que o homem não separe o que Deus juntou, 143

Capítulo 23 – Moral estranha, 145

Odiar os pais, 145
Abandonar pai, mãe e filhos, 146
Deixar aos mortos a tarefa de enterrar seus mortos, 147
Não vim trazer a paz, mas a divisão, 147

Capítulo 24 – Não coloquem a lâmpada debaixo da mesa, 151

Lâmpada debaixo da mesa. Porque Jesus fala por parábolas, 151
Não vão se encontrar com os pagãos, 153
Não são os que têm saúde que precisam de médico, 153
A coragem da fé, 154
Carregar sua cruz. Quem quiser salvar a vida, vai perdê-la, 155

Capítulo 25 – Procurem e encontrarão, 157

Ajude-se a si mesmo(a), que o céu o(a) ajudará, 157
Observem as aves do céu, 158
Não se esforcem pela posse das riquezas, 159

Capítulo 26 – Deem de graça o que de graça receberam, 161

Dom de curar, 161
Orações pagas, 161
Comerciantes expulsos do templo, 162

Capítulo 27 – Peçam e conseguirão, 165

Qualidades da prece, 165
Eficácia da oração, 166
Ação da prece. Transmissão do pensamento, 167
Preces que possam ser entendidas, 169
Orações pelos mortos e pelos espíritos sofredores, 169
Neste capítulo, os espíritos ensinam, 171

ALLAN KARDEC E *O EVANGELHO SEGUNDO O ESPIRITISMO*

O professor, pedagogo e escritor francês Hippolyte Léon Denizard Rivail (1804-1869), cujo pseudônimo era Allan Kardec, foi o codificador do espiritismo, ou seja, foi o responsável por traduzir em palavras escritas uma doutrina a ele passada por espíritos desencarnados, e que engloba três aspectos fundamentais do conhecimento humano: filosofia, ciência e religião.

O livro dos espíritos foi o início de tudo, trazendo especialmente o lado filosófico da doutrina dos espíritos. Já *O livro dos médiuns* foi a obra em que Kardec transcreveu informações espirituais que esclarecem fenômenos como mediunidade e comunicação entre pessoas 'vivas' e espíritos de pessoas 'mortas', entre outros, e que se relaciona ao aspecto científico da doutrina. Finalmente, *O evangelho segundo o espiritismo* é sua obra de cunho eminentemente religioso e moral, cuja história resumimos a seguir.

Já preparando os esboços do que viria a ser *O evangelho segundo o espiritismo,* em agosto de 1863 Kardec perguntou a um espírito (sem o conhecimento do médium), sobre a obra que estava organizando em segredo. O sigilo valia também para o título, que o próprio editor só veio a conhecer no momento da impressão. O espírito

13

respondeu que a obra teria enorme importância, não só no mundo religioso, como também para a vida prática das nações.

Disse esse espírito que, já há muito tempo, os espíritos do bem planejavam o lançamento do livro, que teria como objetivo tirar as pessoas da obscuridade e libertá-las da ignorância moral. O espírito revelou também que eles dois (a entidade que se comunicava e o próprio Allan Kardec) trabalhavam na espiritualidade há bastante tempo para poder lançar a obra no plano físico. E Kardec foi avisado de que o lançamento do livro despertaria grande oposição por parte das religiões estabelecidas, mas que ele poderia contar com o apoio dos espíritos nessa tarefa tão difícil.

Assim, em abril de 1864 surgia a primeira edição de *O evangelho segundo o espiritismo*, só que tendo outro nome: *L'imitation de l'évangile selon le spiritisme* ou *A imitação do evangelho segundo o espiritismo*. Por sugestão do editor, senhor Didier, e de outros companheiros de doutrina, Kardec modificou o título já na segunda edição, em 1865, para *O evangelho segundo o espiritismo*.

A edição em que nos inspiramos para compor este *O evangelhinho segundo o espiritismo* é a terceira edição francesa, de 1866.

Logo na introdução de *O evangelho segundo o espiritismo* encontramos explicações de Kardec sobre o objetivo da obra e esclarecimentos sobre a autoridade da doutrina espírita, além da significação de muitas palavras frequentemente empregadas nos textos evangélicos, a fim de facilitar a compreensão do leitor para o verdadeiro sentido de certas máximas do Cristo, que à primeira vista podem parecer estranhas. Ainda na introdução, Kardec faz referência a Sócrates e a Platão como precursores da doutrina cristã e do espiritismo.

O evangelho segundo o espiritismo se compõe de 28 capítulos, 27 dos quais dedicados à explicação das máximas de Jesus, sua concordância com o espiritismo e sua aplicação às diversas situações da vida. O último capítulo é formado por uma coletânea de preces espíritas.

A obra é notável e vem sendo muito difundida desde o seu lançamento, há quase 150 anos, além de já ter sido traduzida para vários idiomas. É um avançado código moral, e tem a vantagem de tornar claras muitas passagens do *Evangelho* aparentemente enigmáticas, quando examinadas à luz da interpretação espírita.

O evangelho segundo o espiritismo é, junto com *O livro dos espíritos*, um marco na consolidação da doutrina espírita no mundo. Esperamos que este nosso *O evangelhinho segundo o espiritismo* possa dar uma contribuição à sua difusão, principalmente entre os leitores mais jovens.

Rio de Janeiro, maio de 2008.

Laura Bergallo e Gilberto Perez Cardoso

COMO NASCEU ESTE LIVRO

Como nasceu este livro?

A ideia nasceu há anos, quando estudávamos *O livro dos espíritos* em nossa reunião no lar com os filhos, então pré-adolescentes. Depois de estudarmos bons livros espíritas destinados às crianças, resolvemos enveredar por *O livro dos espíritos*. Mas logo percebemos que as perguntas e respostas contidas nessa obra precisavam ser resumidas, explicadas e adaptadas para o entendimento dos garotos, pois a linguagem usada por Kardec e pelos espíritos era de difícil entendimento para essa faixa etária. Concluímos, do mesmo modo, que uma adaptação escrita de *O livro dos espíritos* poderia ser de grande utilidade para a divulgação da doutrina entre os jovens, tanto em mocidades espíritas, como em atividades de evangelização ou estudos no lar.

Surgiu, então, *O livrinho dos espíritos*, hoje sucesso editorial em nível nacional, resultado de uma adaptação feita pela esposa Laura - que é escritora premiada de obras para a faixa infanto-juvenil - de *O livro dos espíritos*.

Na época, logo em seguida ao lançamento de *O livrinho dos espíritos* - e dada sua excelente receptividade por parte do público em geral (não só o jovem) -, começamos a receber solicitações de leitores que pediam que *O evangelho segundo o espiritismo* também pudesse merecer uma adaptação destinada em especial ao jovem leitor, facilitando o acesso e compreensão dessa importante obra de Kardec. Não se tratava de tarefa fácil, mas aceitamos o desafio, e agora trazemos a público este *O evangelhinho segundo o espiritismo*.

Como também alertamos no caso da adaptação de *O livro dos espíritos*, a presente adaptação não objetiva substituir o insubstituível *O evangelho segundo o espiritismo*. Visa apenas apresentá-lo, em resumo e numa linguagem mais atual e direta, ao jovem leitor que ainda não se dispõe, por uma ou outra razão, a aventurar-se nas mais de 300 páginas do original.

Esta obra foi escrita segundo um método que adotamos, a fim de que ficasse o mais agradável possível à leitura e também que seu conteúdo fosse o mais didático possível.

Dessa maneira, convencionamos manter todos os títulos dos capítulos e todas as citações do *Evangelho* usadas por Kardec no original, mas sempre tentando atualizar o máximo possível a linguagem antiga contida nas Escrituras, num esforço para aproximar o texto evangélico do universo do jovem do século XXI. Com esse objetivo, por exemplo, substituímos o tratamento "vós" por "vocês", entre outras mudanças que julgamos necessárias.

Da mesma forma, optamos por resumir os comentários de Kardec e por sintetizar as instruções dos espíritos em cada capítulo, sem citá-los nominalmente, uma vez que essas instruções são concordantes e que o que importa (segundo os próprios espíritos nos ensinam) é o seu conteúdo. Tanto esses comentários de Kardec quanto essas instruções dos espíritos também tiveram sua linguagem adaptada e atualizada, a fim de facilitar a compreensão por parte do público jovem.

A maioria das mensagens de espíritos que deram origem a *O evangelho segundo o espiritismo* foi publicada por Kardec na *Revista Espírita*. Entre os espíritos cujas mensagens são citadas em *O evangelho segundo o espiritismo*, encontram-se aqueles que se identificam de forma mais vaga, assinando como "um espírito protetor" ou "um espírito familiar". Já outros são bem conhecidos, pertencendo ao campo das artes, da literatura, da filosofia, da teologia ou mesmo da ciência, como Fénelon, Erasto, Lacordaire, João Evangelista, Lázaro, Hahnemann, apóstolo Paulo, Pascal e Lamennais. Curiosas são a mensagem dada pelo espírito Emmanuel (que, ao que tudo indica, seria o nosso Emmanuel, mentor do Chico Xavier) e as mensagens dadas por aqueles considerados 'santos' na teologia católica, como são Luís e santo Agostinho (que, aliás, entra em *O evangelho segundo o espiritismo* com diversas mensagens). O próprio Agostinho esclarece que, como desencarnado, sua visão se alargou, compreendendo com maior amplitude o que pregara como bispo católico, na época de encarnado em Hipona; desencarnado, atuou com muito empenho para que a obra viesse a lume pela escrita de Kardec. Notáveis também são as mensagens assinadas pelo "Espírito de Verdade", que alguns admitem tratar-se do próprio Cristo.

Dentro do método adotado por nós, procuramos não incluir o 28º e último capítulo, pois se trata de um capítulo específico sobre preces e que poderá ser consultado pelo leitor sempre que desejar um modelo específico de oração em que se inspirar. É bom que se recorde o conselho de Kardec no sentido de não se adotar no espiritismo qualquer padronização. Assim sendo, as preces inseridas pelo codificador têm a função de se constituírem apenas num modelo em que as pessoas podem se inspirar quando desejam orar.

Eis aí, então, amigo leitor, o fruto de nosso esforço na tentativa de lhe trazer esse conteúdo maravilhoso que pode ser encontrado nas páginas de *O evangelho segundo o espiritismo*. Estamos torcendo para que *O evangelhinho segundo o espiritismo* se constitua numa agradável e edificante leitura para você e que sirva para animá-lo a, em seguida, mergulhar na fonte original desses conhecimentos tão necessários à conturbada fase por que transitamos no nosso mundo, ainda de provas e expiações.

Rio de Janeiro, maio de 2008.
Gilberto Perez Cardoso

CAPÍTULO 1

NÃO VIM DESTRUIR A LEI

Não pensem que eu tenha vindo destruir a lei ou os profetas. Não vim destruí-los, mas cumpri-los: porque, em verdade lhes digo que o céu e a Terra não passarão sem que tudo o que se encontra na lei esteja integralmente cumprido, enquanto restem um único jota e um único ponto. (Mateus, capítulo 5, versículos 17 a 18)

As três revelações – Moisés, Cristo, espiritismo

A Primeira Revelação

Moisés revelou ao mundo uma lei que se divide em duas partes: a lei de Deus, anunciada no monte Sinai, e a lei civil, que trata do comportamento das pessoas e que foi decretada pelo próprio Moisés. Essas duas leis formariam, juntas, a chamada *Primeira Revelação*.

A lei de Deus, que foi mostrada aos homens nos famosos "dez mandamentos", não varia de acordo com as diferentes épocas e os diferentes povos, ou seja, é uma lei imutável.

Já a lei civil pode variar de acordo com os costumes dos povos e até com o passar do tempo. E essa lei tinha que ser bastante enérgica na época de Moisés, porque as pessoas eram ainda muito ignorantes, tinham pouca noção de justiça e seu comportamento não era muito civilizado. Assim, precisavam de leis rigorosas para regular sua conduta diária. Mas essas leis só seriam necessárias enquanto esses povos não evoluíssem e não melhorassem suas atitudes.

A Segunda Revelação

A *Segunda Revelação* foi trazida pela palavra e pelos exemplos de Jesus Cristo e veio depois da *Primeira Revelação*. Jesus trouxe uma mensagem que modificou bastante as leis de Moisés, esclareceu muita coisa, fez as pessoas entenderem que não precisavam de certos rituais para falar com Deus e tirou muitas dúvidas a respeito da interpretação das leis de Moisés. Na verdade, Jesus resumiu tudo o que era importante nessas leis numa única recomendação: "amar a Deus acima de todas as coisas e ao próximo como a si mesmo".

Em sua mensagem, Jesus quis dizer que a lei de Deus deveria ser praticada na Terra inteira, em toda a sua pureza, e ensinou também que a verdadeira vida não é a terrestre, mas sim a do reino dos céus. Ele também explicou que tinha vindo ao mundo para mostrar aos homens como fazer para achar o caminho dessa vida verdadeira, para que assim eles pudessem fazer as pazes com Deus.

Mas Jesus, naqueles tempos, não disse tudo. Ele fez questão de esclarecer que só mais tarde, quando os homens estivessem mais preparados, algumas coisas poderiam ser afinal entendidas. É que seria necessário esperar pelo desenvolvimento da ciência para que a humanidade pudesse entender a *Terceira Revelação*: o espiritismo.

A Terceira Revelação

O espiritismo, ou a *Terceira Revelação*, é uma nova ciência que vem revelar aos homens a existência dos espíritos, do mundo espiritual e de suas relações com o mundo material. O espiritismo nos mostra que esse mundo espiritual é fonte de muitos fenômenos até então não compreendidos, e também que ele é parte da natureza. Sendo assim, nada do que acontece é sobrenatural ou incompreensível.

Moisés personificou o Antigo Testamento (a *Primeira Revelação*) e Cristo personificou o Novo Testamento (a *Segunda Revelação*); mas o espiritismo (a *Terceira Revelação*) não seria personificado por ninguém em especial. Isso porque a revelação espírita tem tido a colaboração de uma multidão de espíritos, em comunicações através de médiuns.

O espiritismo não ensina nada que seja contrário ao que ensinou Jesus, mas explica de forma bem clara o que Ele muitas vezes disse em forma alegórica (ou simbólica), e isso facilita muito a nossa compreensão. O espiritismo é obra do Cristo e vem colaborar com a época da regeneração, uma época em que os homens estarão mais evoluídos e mais conscientes de sua condição de espíritos imortais, e que em breve se instalará na Terra.

Aliança da ciência e religião

Ciência e religião são as duas alavancas da inteligência humana, uma revelando as leis do mundo material, e outra as leis do mundo moral. Como as duas vêm de Deus, não poderiam ser incompatíveis. A incompatibilidade entre as duas é, assim, apenas aparente e só existe para aqueles que, de um lado e de outro, se consideram donos da verdade absoluta.

Na verdade, ciência e religião se complementam de forma perfeita; é chegada a hora em que a ciência deve levar em conta o elemento espiritual e em que a religião deverá se apoiar nas leis orgânicas e da matéria.

O traço de união necessário para que ciência e religião se entendam é o conhecimento das leis que regem o universo espiritual e suas relações com o mundo material, leis que valem tanto quanto as leis da física ou da biologia, por exemplo.

Essa grande revolução em torno da qual trabalham os espíritos vem sendo preparada há mais de dezoito séculos e sua plena realização vai marcar uma nova era para a humanidade. As relações entre os homens passarão por mudanças inevitáveis, em obediência à lei de progresso, que é uma lei divina.

Neste capítulo, os espíritos ensinam:

1. Que Moisés abriu o caminho, que foi continuado por Jesus e será completado pelo espiritismo.

2. Que as leis de Moisés eram do jeito que eram por causa do grande atraso moral das pessoas da época.

3. Que os adeptos do espiritismo devem trabalhar com afinco para que a doutrina espírita, traduzindo o pensamento do Cristo, enfim possa se implantar sobre a Terra.

CAPÍTULO 2

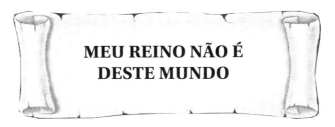

MEU REINO NÃO É DESTE MUNDO

> Pilatos, tendo entrado de novo no palácio e mandado trazer Jesus à sua presença, perguntou-lhe: "És o rei dos judeus?". Respondeu-lhe Jesus: "Meu reino não é deste mundo. Se o meu reino fosse deste mundo, a minha gente teria lutado para impedir que eu caísse nas mãos dos judeus; mas o meu reino ainda não é aqui". Disse-lhe então Pilatos: "És, pois, rei?". Jesus lhe respondeu: "Tu o dizes; sou rei; não nasci e não vim a este mundo a não ser para dar testemunho da verdade. Aquele que pertence à verdade escuta a minha voz. (João, capítulo 18, versículos 33, 36 e 37)

A vida futura

As palavras de Jesus que estão no título deste capítulo referem-se à "vida futura", que deveria ser a grande preocupação da humanidade terrestre.

Antes da vinda de Jesus, os judeus tinham ideias muito pouco claras sobre a vida futura. Eles acreditavam nos anjos, que consideravam seres privilegiados, mas não sabiam que um dia todos os homens poderão se tornar anjos. No entendimento deles, o cumprimento das leis de Deus teria como recompensa bens terrenos, saúde e vitórias sobre os inimigos de sua nação. Quando havia derrotas ou calamidades, elas eram consideradas como um castigo por não terem sido obedecidas as leis de Deus.

Moisés, na verdade, era pastor de um povo ignorante, que ainda tentava compreender os acontecimentos da vida através dos sucessos ou fracassos materiais. Só mais tarde veio a revelação de que há outra vida, onde os bons encontrarão suas recompensas, e que essas recompensas não são materiais e não estão na Terra.

E foi exatamente por causa dessa mentalidade ainda muito atrasada da época que Jesus não pôde revelar tudo, apresentando a vida futura apenas como uma lei da natureza a que ninguém poderia fugir. A ideia que se fazia dessa vida futura era, porém, ainda vaga.

O espiritismo veio completar o ensino do Cristo, acompanhando o amadurecimento da humanidade. Com o espiritismo, a vida futura é vista como uma realidade concreta. Os espíritos descrevem as regiões que habitam com riqueza de detalhes. Relatam que há regiões felizes e infelizes para onde vão as pessoas de acordo com suas atitudes na Terra, o que nos mostra com clareza a existência da Justiça Divina.

A realeza de Jesus

Aqui é necessário que se entenda o título de 'realeza' que é atribuído a Jesus, que neste caso não pode ser interpretado como um título temporal, igual ao de um rei da face da Terra. Na verdade, ele traduz a posição espiritual superior do Cristo e sua capacidade de influir sobre o progresso humano.

Trata-se de um título de realeza que vem do merecimento pessoal e que tem bem mais significado do que a realeza terrestre, que, por sua vez, nem sempre representa o mérito do soberano. É nesse sentido que deveremos entender a resposta de Jesus a Pilatos: "Sou rei, mas o meu reino não é deste mundo".

O ponto de vista

A ideia que temos da vida futura (ou espiritual) é fundamental para a nossa evolução, porque vai influenciar muito na maneira com que encaramos a vida terrena (ou material). Quem acredita firmemente na vida espiritual vê a vida terrena como uma passagem breve e suporta os problemas e os sofrimentos materiais com paciência, uma vez que sabe que eles são passageiros e que serão seguidos de um estado mais feliz. A essas pessoas a morte não aterroriza, porque é encarada como uma libertação.

Já quem duvida da vida futura concentra seus pensamentos na vida material. Não consegue imaginar nenhum bem ou valor superior aos desta vida terrestre, já que não vê nada além da matéria. Qualquer perda, engano ou injustiça é um grande impacto para essa pessoa. Ela se atormenta muito por orgulho ou vaidade feridos. Ela dá importância apenas às questões materiais e qualquer prejuízo que aconteça parece ser sempre muito grave.

A importância dada aos bens terrenos está sempre em razão inversa da fé na vida futura. Ou seja, aquele que realmente acredita numa vida futura não se importa demais com as coisas da Terra e aguenta melhor os fracassos e os problemas, porque pensa no destino que o espera após a desencarnação.

Mas Deus não condena os prazeres e alegrias terrestres; o que Ele condena é o abuso desses prazeres, é o esquecimento das questões da alma. Aquele que se identifica com a vida futura seria como o homem rico que não se importa de perder um pouco do seu dinheiro, já que tem muito mais. Já a pessoa que só pensa na vida terrestre seria como o pobre que perde tudo o que tem e que por isso se desespera.

O espiritismo alarga o nosso pensamento e abre novos horizontes para nós. Ele mostra que a vida atual não passa de um instante na eternidade. E explica a solidariedade entre os seres, num mesmo mundo e entre todos os mundos.

Neste capítulo, os espíritos ensinam:

1. Que é condenável avidez a em conquistar bens terrestres, já que, na nova vida, todas as ilusões da Terra desaparecem.

2. Que os únicos bens a serem conquistados e que garantem boa situação nessa nova vida são a abnegação, a humildade, a caridade e a benevolência para com o próximo.

CAPÍTULO 3

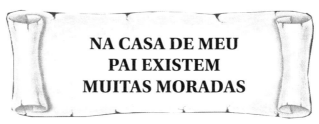

NA CASA DE MEU PAI EXISTEM MUITAS MORADAS

Não se perturbe o seu coração. Creiam em Deus e também em mim. Existem muitas moradas na casa de meu Pai; se não fosse assim, eu já lhes teria dito, pois me vou para preparar o lugar para vocês. Depois que eu tenha partido e que lhes tiver preparado o lugar, voltarei e lhes retirarei para mim, a fim de que, onde eu estiver, também aí vocês estejam. (João, capítulo 14, versículos 1 a 3)

Diferentes estados de alma na erraticidade

A "casa do Pai" é o universo. As diferentes moradas são os variados mundos que existem e onde os espíritos podem encarnar. Esses mundos têm um nível de adiantamento que depende da evolução dos espíritos que neles encarnam. Ou seja, são mais adiantados, se os espíritos que nele moram também são mais adiantados; e menos adiantados, se seus habitantes são espíritos mais primitivos.

As palavras de Jesus poderiam também se referir não a moradas ou simplesmente mundos físicos, mas a esferas espirituais (ou erraticidade) onde se concentram espíritos elevados, menos elevados ou atrasados. Nessas esferas, cada espírito vivencia seu estado de evolução e constrói para si, muitas vezes, moradas correspondentes a seu adiantamento, embora não localizadas num espaço físico ou limitadas por fronteiras. Em outras palavras: poderíamos dizer que o mundo de cada um desses espíritos (seja esse mundo mais feliz ou menos feliz) se encontra dentro dele mesmo.

Diferentes categorias de mundos habitados

Os espíritos nos falam da existência de alguns mundos iguais à Terra, outros mais adiantados e alguns outros mais atrasados, física e moralmente. Para os habitantes dos mundos inferiores o que mais importa é a matéria; eles são ainda muito atrasados na parte moral e espiritual. Já nos mundos superiores a matéria não importa tanto e, para os habitantes desses mundos, a vida é principalmente espiritual. Nos mundos intermediários pode prevalecer tanto o bem quanto o mal, segundo o grau de evolução da maioria de seus habitantes.

Com base nisso, os mundos podem ser divididos em mundos *primitivos* (que são aqueles onde acontecem as primeiras encarnações de seres humanos), mundos *de provas e expiações* (onde o mal ainda predomina), mundos *de regeneração* (onde as dores são compensadas por períodos felizes e de descanso das lutas diárias), mundos *ditosos* (onde o bem é claramente mais forte que o mal) e, finalmente, mundos *celestes* ou *divinos* (onde reina somente o bem e onde moram os espíritos já regenerados).

Destinação da Terra

A Terra ainda se classifica como um mundo de provas e expiações. E essa é a razão pela qual, em nosso planeta, temos que conviver com tantas desarmonias, tragédias e misérias.

Mas os espíritos não encarnam para sempre num só mundo. Na medida em que se tornam melhores, eles passam a encarnar em mundos cada vez mais adiantados, até que virem espíritos puros. Quando se adiantam e passam a encarnar em mundos mais evoluídos, ficam muito felizes, porque para eles é um castigo ter que ficar em mundos atrasados e infelizes.

E a Terra, como outros mundos, está evoluindo. Em algum tempo deixará de ser um mundo de provas e expiações, tornando-se finalmente um mundo de regeneração.

Causas das misérias terrenas

Muita gente se espanta com a maldade, as doenças e as misérias que existem na Terra e acaba concluindo que a espécie humana é muito atrasada. Mas devemos lembrar também que a humanidade não está toda na Terra. Em nosso planeta se encontra apenas uma pequena parte da espécie humana, que engloba todos os seres racionais que povoam os mundos do universo. Sendo assim, a população da Terra é uma pequena parte desse todo.

Como comparação, poderíamos dizer que, se fôssemos a um hospital, veríamos apenas doentes; se visitássemos uma penitenciária, encontraríamos somente criminosos. Se imaginarmos que a Terra seja uma espécie de hospital ou penitenciária, e lembrarmos que num hospital ou numa penitenciária não se encontram todos os habitantes de uma cidade, compreenderemos, então, que na Terra não está toda a humanidade, mas apenas aqueles que temporariamente precisam nela estar. E, do mesmo modo que os doentes vão embora do hospital quando estão curados, os habitantes da Terra, ao melhorarem (ao se curarem de suas doenças morais), partem deste planeta em direção a mundos mais felizes.

Neste capítulo, os espíritos ensinam:

(Sobre mundos superiores e mundos inferiores)

1. Que a classificação dos mundos em superiores e inferiores depende da comparação dos mundos uns com os outros.

2. Que, quanto mais adiantado o mundo, mais longo é o período de vida de seus habitantes; que a morte desses seres dos mundos superiores é suave e que seus corpos não se decompõem, apenas se transformam.

3. Que nos mundos adiantados a alma vive em corpos mais sutis (nem de longe tão grosseiros e pesados quanto os nossos) e tem certa liberdade de sair desse corpo e a ele retornar, de forma consciente e por ação de sua vontade.

4. Que nesses mundos as relações entre os povos são amistosas, não havendo tiranos, escravos nem privilégios.

5. Que nesses mundos só a superioridade intelectual e moral torna as criaturas diferentes umas das outras (ou seja, ninguém é melhor que ninguém por ser mais rico, mais forte, mais bonito ou mais poderoso, mas apenas por ser mais sábio ou mais bondoso).

6. Que nesses mundos a autoridade é respeitada por todos, porque essa autoridade é conseguida por merecimento, e sempre mediante critérios justos.

7. Que os habitantes desses mundos não lutam para derrotar os outros, mas apenas por se tornarem melhores do que já são; sua luta é para evoluir e sua meta é conquistar a categoria de espíritos puros (e para isso se esforçam ao máximo).

8. Que esse esforço não lhes traz sofrimento, e é feito através de muito estudo, trabalho e dedicação.

9. Que em tais mundos adiantados os bons sentimentos são reconhecidos, cultivados e estimulados; não há ódios, competição, inveja e luta entre as criaturas, só amor e fraternidade unem seus habitantes; que os mais fortes e adiantados ajudam aos mais fracos e atrasados.

10. Que nesses mundos cada um possui mais ou menos bens de acordo com o seu esforço para adquiri-los através da inteligência, do empenho e do trabalho, mas que ninguém sofre por falta das coisas necessárias (como é tão comum acontecer na Terra), pois nos mundos adiantados não existem mais espíritos em expiações (o mal não mais existe).

11. Que nesses mundos não acontecem os contrastes que vemos no nosso, em que precisamos do mal, da doença e da escuridão para valorizarmos o bem, a saúde e a luz.

12. Que tais mundos felizes, entretanto, não são planetas privilegiados, já que Deus não prefere alguns seres a outros; que todos os que desejarem habitar mundos felizes têm essa oportunidade, e para isso basta que queiram e se esforcem; que os que mais se esforçam, chegam lá primeiro, e que os que não se esforçam, estacionam.

(Sobre mundos de expiações e provas)

1. Que a Terra não é um mundo primitivo, mas ainda está na categoria de mundo de provas e expiações.

2. Que nela moram seres que já fizeram alguns progressos, mas que também têm enormes vícios e cometem muitos erros, e que por isso precisam morar num mundo onde são obrigados a expiar suas faltas (ou seja, pagar pelos erros cometidos) antes de merecerem habitar mundos mais adiantados.

3. Que nem todos os espíritos que encarnam na Terra estão em expiação; que os selvagens, por exemplo, encontram-se em trabalho de educação; que os semicivilizados, como os indígenas, já apresentam algum progresso.

4. Que os espíritos em expiação que habitam a Terra já estiveram em outros mundos, de onde foram eliminados por terem insistido em praticar o mal.

5. Que a Terra é um mundo expiatório (ou seja, onde se sofre as consequências dos erros cometidos) e de exílio para espíritos rebeldes à lei de Deus.

6. Que esse exílio serve também para ajudar os habitantes dos mundos mais atrasados a progredirem (porque os espíritos que saem dos mundos mais adiantados levam a esses povos mais primitivos muitos conhecimentos que sua inteligência mais desenvolvida já ajudou a conquistar).

7. Que os espíritos que estão na Terra precisam lidar todos os dias com a maldade dos homens e com as dificuldades trazidas pela natureza, mas que isso ajuda no desenvolvimento de sua in-

teligência e das qualidades de seu coração; que, dessa forma, Deus usa a dor como instrumento de progresso do espírito.

(Sobre mundos regeneradores)

1. Que no universo há muitos mundos iguais ao nosso, destinados às provas e expiações, e que muitos sistemas planetários têm mundos melhores, piores e intermediários; que estes últimos, os intermediários ou de transição, são também chamados de mundos regeneradores.

2. Que há mundos onde o espírito, recém-nascido, é colocado ainda ignorante do bem e do mal, com possibilidade de caminhar para Deus, usando o livre-arbítrio (ou seja, sua capacidade de escolher entre o caminho do bem e o caminho do mal).

3. Que muitos espíritos escolhem o caminho pior, e Deus então permite que eles sigam para mundos onde, de encarnação em encarnação, se regeneram (ou se recuperam para o bem) e assim podem, um dia, aproximar-se de Deus.

4. Que os mundos de regeneração são mundos de transição (ou de passagem) entre os mundos de expiação e os mundos felizes; que neles a alma encontra tranquilidade e descanso adequados ao seu progresso.

5. Que nesses mundos o homem ainda está limitado pela matéria, porém também está mais livre de paixões, do orgulho, da inveja e do ódio; que todos os seus habitantes conhecem a Deus, e que existe igualdade nas relações sociais, embora não haja ainda felicidade perfeita (o ser ainda precisa suportar algumas provas, mas sem as angústias de uma expiação).

6. Que nesses mundos o homem ainda comete falhas e também, de certa forma, pode ser influenciado pelo mal, e que por isso deve avançar com determinação e se esforçar sempre para melhorar, pois ainda é possível uma recaída e uma volta para o exílio em mundos de provas e expiações.

7. Que, para os habitantes da Terra, a passagem para um mundo regenerador já é uma grande felicidade.

(Sobre a progressão dos mundos)

1. Que os mundos se transformam continuamente para se adaptarem como moradia aos seus habitantes (ou seja: quanto mais evoluídos os habitantes de um planeta, mais agradável ele é de se morar).

2. Que muitas vezes a destruição significa apenas transformação e atende a uma lei de progresso incessante na natureza.

3. Que o nosso mundo já esteve materialmente e moralmente em estágio inferior ao atual e que está prestes a se elevar na classificação dos mundos, pois se encontra num de seus períodos de transformação.

4. Que a Terra, dentro de algum tempo, passará de mundo de provas e expiações para planeta de regeneração, onde os homens serão mais felizes, em função da instalação da lei de Deus.

CAPÍTULO 4

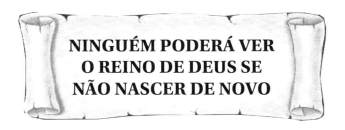

NINGUÉM PODERÁ VER O REINO DE DEUS SE NÃO NASCER DE NOVO

Jesus, tendo vindo aos arredores de Cesareia de Filipe, perguntou o seguinte aos Seus discípulos: "Que dizem os homens, com relação ao Filho do Homem? Quem eles dizem que eu sou?". Os discípulos Lhe responderam: "Uns dizem que és João Batista; outros, que és Elias; outros ainda dizem que és Jeremias ou algum dos profetas". Perguntou-lhes Jesus: "E vocês, quem dizem que eu sou?". Tomando a palavra, Simão Pedro respondeu: "Tu és o Cristo, o filho do Deus vivo". Replicou-lhe Jesus: "Bem-aventurado é você, Simão, filho de Jonas, porque isso não lhe foi revelado nem pela carne nem pelo sangue, mas por meu Pai, que está nos céus". (Mateus, capítulo 16, versículos 13 a 17; Marcos, capítulo 8, versículos 27 a 30)

Nesse meio tempo, Herodes, o Tetrarca, tinha ouvido falar de tudo o que Jesus fazia, e seu espírito se achava em suspenso, porque uns diziam que João Batista ressuscitara dentre os mortos; outros, que aparecera Elias; e outros, que um dos antigos profetas tinha ressuscitado. Disse então Herodes: "Mandei cortar a cabeça de João Batista; quem é esse de quem ouço falar tão grandes coisas?" e estava ansioso por vê-Lo. (Marcos, capítulo 6, versículos 14 a 16; Lucas, capítulo 9, versículos 7 a 9)

(*Após a transfiguração*) Seus discípulos, então, O interrogaram assim: "Por que os escribas dizem que antes é preciso que Elias volte?". Jesus lhes respondeu: "É verdade que Elias há de vir e restabelecer todas as coisas: mas eu afirmo a vocês que Elias já veio e eles não o reconheceram, e o trataram como quiseram. É assim que farão sofrer o filho do Homem". Então, Seus discípulos entenderam que era de João Batista que Ele falara. (Mateus, capítulo 17, versículos 10 a 13; Marcos, capítulo 9, versículos 11 a 13)

Ressurreição e reencarnação

Na época de Jesus a maioria dos judeus acreditava na reencarnação, mas tinha uma noção incompleta a respeito da alma e de sua ligação com o corpo físico. Eles acreditavam que um morto poderia reviver, mas não sabiam exatamente como. A isso davam o nome de 'ressurreição', o que, mais corretamente, o espiritismo chama de 'reencarnação'.

Explicando melhor: 'ressurreição' significaria a volta à vida de um corpo já morto, fato que a ciência até hoje diz ser impossível de acontecer, enquanto 'reencarnação' seria a volta do espírito à vida corporal, mas em outro corpo físico.

Ora, havia entre os fariseus um homem chamado Nicodemos, senhor dos judeus, que veio à noite ver Jesus e Lhe disse: "Mestre, sabemos que vieste da parte de Deus para nos ensinar como um doutor, porque ninguém poderia fazer os milagres que fazes, se Deus não estivesse com ele". Jesus lhe respondeu: "Em verdade, em verdade lhe digo: ninguém pode ver o reino de Deus se não nascer de novo". Perguntou-lhe Nicodemos: "Como pode um homem já velho nascer? Pode voltar a entrar na barriga de sua mãe, para nascer pela segunda vez?". Disse-lhe então Jesus: "Em verdade, em verdade, lhe digo: um homem não pode entrar no reino de Deus se não renascer da água e do espírito. O que é nascido da carne é carne, e o que é nascido do espírito é espírito. Não se admire por eu ter lhe dito que é preciso que nasça de novo. O espírito sopra onde quer e você ouve a voz dele, mas não sabe de onde ele vem, nem para onde ele vai; o mesmo acontece com todo homem que é nascido do espírito". Respondeu-Lhe Nicodemos: "Como isso pode acontecer?". Jesus lhe observou: "Mas como? Você é mestre em Israel e ignora essas coisas? Digo-lhe em verdade que não dizemos senão o que sabemos e que só damos testemunho daquilo que vimos. Entretanto, você não aceita o nosso testemunho. Mas, se você não acredita em mim quando falo das coisas da Terra, como vai acreditar, quando eu falar das coisas do céu?". (João, capítulo 3, versículos 1 a 12)

A ideia de que João Batista era Elias e de que profetas poderiam reviver aparece em diversas passagens do Evangelho, e, se fosse uma crença errada, Jesus a teria desmentido. Aconteceu justamente o contrário: Jesus confirmou essa crença, dizendo inclusive que "nascer de novo" é condição necessária para a evolução ("ninguém pode ver o reino de Deus se não nascer de novo").

Quando Jesus disse que "o que é nascido da carne é carne e o que é nascido do espírito é espírito", ele quis dizer que só o corpo nasce do corpo e que o espírito é independente do corpo (ou seja, o espírito não nasce do corpo).

Uma outra frase de Jesus a respeito do espírito, "não sabes donde ele vem, nem para onde vai", significa que ninguém tem ideia sobre o que foi, nem sobre o que será o espírito. Isso quer dizer também que o espírito existe desde antes do nascimento do corpo, pois, se o espírito tivesse sido criado ao mesmo tempo em que o corpo, nós saberíamos a sua origem, o que não acontece.

> Ora, desde o tempo de João Batista até agora o reino dos céus é tomado pela violência e são os violentos que o arrebatam; pois que assim profetizaram todos os profetas até João, e também a lei. Se quiserem compreender o que lhes digo, ele mesmo é o Elias que há de vir. Ouça-o aquele que tiver ouvidos de ouvir. (Mateus, capítulo 11, versículos 12 a 15)

Essa passagem não deixa nenhuma dúvida sobre a reencarnação: "ele mesmo é o Elias que há de vir", ou seja, segundo o próprio Jesus, João Batista é o Elias reencarnado.

A violência que é citada no texto fala na verdade da lei de Moisés, que, como já sabemos, era muito enérgica, inclusive ordenando a morte dos 'infieis', enquanto que a nova lei, a de Jesus, passou a pregar caridade e brandura.

Ao dizer que deveriam ouvir os que tivessem ouvidos para ouvir, Jesus quis dizer que nem todos estavam em condições de compreender suas mensagens.

> Aqueles do seu povo que já morreram viverão de novo; aqueles que estavam mortos em meio a mim ressuscitarão. Acordem do seu sono e cantem louvores a Deus, vocês que vivem no pó; porque o orvalho que cai sobre vocês é um orvalho de luz e porque vocês arruinarão a Terra e o reino dos gigantes. (Isaías, capítulo 26, versículo 19)

Nesta passagem, Isaías está novamente referindo-se à reencarnação. Se ele quisesse simplesmente falar da vida espiritual, diria que os mortos "ainda vivem" e não que "viverão de novo". Ao dizer "viverão de novo", ele quer dizer "reencarnarão".

> Mas quando o homem já morreu uma vez, e quando seu corpo, separado de seu espírito, foi consumido, o que acontece com ele? Tendo morrido uma vez, poderia o homem reviver novamente? Nesta guerra em que me encontro todos os dias da minha vida, espero que chegue a minha mutação. (Jô, capítulo 14, versículo 10 a 14)

Nesta passagem, Jô fala claramente do princípio da reencarnação. Na luta, que é a vida diária, ele se conforma com as dificuldades e espera pela sua mutação. Ou seja, após sua morte, no intervalo entre uma e outra existência material, vai aguardar o momento da sua volta ao corpo físico, ou da sua reencarnação.

Com o nome de *ressurreição*, o princípio da *reencarnação* era uma das crenças fundamentais dos judeus. Só a reencarnação pode dizer ao homem de onde ele veio, para onde vai, por que está na Terra, e também justificar as desarmonias e todas as injustiças (aparentes) que a vida apresenta.

Os princípios da reencarnação e da pluralidade das existências (ou seja, das várias encarnações para o espírito) são muito importantes para se compreender o Evangelho da maneira correta.

A reencarnação fortalece os laços de família, mas a unicidade da existência os rompe

A reencarnação fortalece os laços familiares. No espaço, os espíritos formam grupos ou famílias unidos por afeição, simpatia, gostos e preferências parecidos. A encarnação apenas momentaneamente separa esses espíritos, uma vez que, ao retornarem ao espaço, novamente se unem, como amigos que voltam de uma viagem.

Muitas vezes uns costumam seguir outros nas encarnações. O fato de uns se encontrarem encarnados em certo momento, e outros não, não significa que estejam separados, pois se unem pelo pensamento. Os que estão livres olham pelos que estão na carne; os mais adiantados orientam os mais atrasados, torcendo pelo seu adiantamento.

Como, cada vez mais, os espíritos se tornam menos presos à matéria, na medida em que se adiantam, mais forte se torna a afeição que une uns aos outros. Mas aqui estamos falando da afeição real, a única que sobrevive à morte do corpo. Os seres que se unem no mundo em função apenas dos sentidos físicos (ou das sensações materiais) não costumam se ligar de forma duradoura e também não costumam se procurar no mundo espiritual. Enquanto as afeições espirituais são duráveis, os afetos de natureza apenas física terminam com a morte do corpo físico. As uniões baseadas em interesse ou atração física não continuam no mundo espiritual.

A afeição que existe entre parentes demonstra a simpatia que já havia em encarnações anteriores e que causaram sua aproximação. Mas muitas vezes também ocorrem, nas famílias terrenas, encarnações de espíritos antipáticos ou estranhos. Deus permite isso por dois motivos: a convivência (que é naturalmente difícil) acaba servindo de prova para uns e chance de progresso para outros. Os maus costumam melhorar no contato com os bons e as antipatias podem diminuir. Assim, sempre com o objetivo de promover a evolução, costuma ocorrer a mistura de diferentes categorias de espíritos.[1]

---

[1] Da mesma forma que acontece com a miscigenação de raças e povos, que comprovadamente traz uma melhora genética a essas raças e esses povos.

Os que não acreditam na reencarnação acham que o espírito é criado ao mesmo tempo em que o corpo. Sendo assim, não haveria laços de afeição anteriores entre as criaturas, que seriam totalmente estranhas umas para as outras. Por isso, não haveria motivo para se cultuarem os antepassados. Quanto ao futuro, se acharmos que o destino da criatura seja determinado após uma só encarnação, muitos espíritos ficariam irremediavelmente e eternamente separados e sem chance de voltarem a se encontrar, uma vez que pais, mães, filhos maridos, mulheres, irmãos, irmãs, amigos e amigas jamais poderiam se ver novamente. Em outras palavras, se vivêssemos uma única vida, os laços familiares se romperiam.

Já com a reencarnação e o consequente progresso dos espíritos, todos os que se gostam voltam a se encontrar na Terra e no espaço e juntos caminham para Deus. A reencarnação permite a eterna solidariedade entre as criaturas.

Neste capítulo, os espíritos ensinam:

1. Que o corpo fica cada vez menos material na medida em que o espírito se purifica; que quanto mais o espírito evolui, mais seu corpo físico se desmaterializa, ficando quase fluídico, podendo mesmo chegar a se confundir com o perispírito (que é o levíssimo envoltório, ou a 'embalagem' do espírito).

2. Que o próprio perispírito passa por transformações sucessivas, ficando cada vez mais leve e etéreo na medida em que o espírito se adianta, até o ponto da depuração (perfeição) completa, que é a condição dos espíritos puros.

3. Que no intervalo entre as existências corporais, quando o espírito está desencarnado, a situação em que ele fica depende do seu grau de evolução, porque isso o liga a mundos mais ou menos adiantados.

4. Que a passagem dos espíritos pela vida corporal é necessária para o cumprimento de tarefas que Deus deu a eles, e que também servem para ajudar no desenvolvimento de sua inteligência.

5. Que Deus estabeleceu para todos os espíritos o mesmo ponto de partida, as mesmas obrigações a cumprir e a mesma liberdade para agir, sem nenhum tipo de privilégio para ninguém.

6. Que a encarnação é apenas um estágio passageiro para os espíritos; que os que usam a liberdade concedida por Deus de uma maneira boa evoluem mais depressa, mas os que usam essa liberdade de forma errada atrasam sua marcha e, se continuarem insistindo na prática do mal, podem ficar reencarnando por muito e muito tempo, e nesse caso a reencarnação para eles acaba se tornando um castigo.

Neste capítulo, Kardec ensina:

1. Que o caminhar do espírito pode ser comparado ao desempenho de um aluno na escola; as classes menos adiantadas preparam o estudante aplicado para os cursos superiores e, se ele se esforçar, chegará lá mais rapidamente; já o aluno descuidado se atrasa, e a punição, em geral, é ter que recomeçar todo o trabalho (é como repetir de ano).

2. Que a encarnação, para o selvagem, é uma grande oportunidade de desenvolver a inteligência, mas que para o homem mais adiantado é um castigo, pela necessidade de ficar mais tempo em mundos inferiores e infelizes.

3. Que as encarnações precisam ter uma finalidade útil, e que a curta vida corporal de uma criança que desencarna com pouca idade serve como prova ou expiação para ela e seus parentes, numa oportunidade de reparar danos cometidos uns aos outros e de construir bases espirituais para os laços de família.

CAPÍTULO 5

BEM-AVENTURADOS OS AFLITOS

Bem-aventurados os que choram, pois eles serão consolados. Bem-aventurados os que sofrem perseguição pela justiça, pois é deles o reino dos céus. (Mateus, capítulo 5, versículos 5, 6 e 10)

Bem-aventurados vocês, que são pobres, porque seu é o reino dos céus. Bem-aventurados vocês, que agora têm fome, porque serão saciados. Felizes são vocês que agora choram, porque irão rir. (Lucas, capítulo 6, versículos 20 a 21)

Mas ai de vocês, que são ricos! Que têm no mundo a sua consolação. Ai de vocês, que estão saciados, porque terão fome. Ai de vocês, que agora riem, porque serão obrigados a gemer e chorar. (Lucas, capítulo 6, versículos 24 a 25)

Justiça das aflições

O nascimento de umas pessoas na miséria e de outras na riqueza, assim como o sofrimento de pessoas boas, ao lado da vitória de outras claramente más, entre outras coisas, fazem com que muitos acontecimentos que vemos na vida pareçam injustos e incompreensíveis para nós.

Mas é que somente com o cumprimento dessas palavras de Jesus aos aflitos, e não nesta existência, mas na vida futura, é possível compreender e aceitar a conveniência de sofrer para ser feliz.

Os contrastes que observamos todos os dias aparentemente seriam um exemplo da injustiça de Deus. Mas Deus nunca é injusto; pelo contrário, é infinitamente justo e perfeito. Ele dispõe de poder, justiça, bondade e outras qualidades mais, sem as quais não seria Deus. Portanto, Deus não pode agir injustamente ou mesmo com parcialidade.

Sendo assim, as coisas ruins que acontecem na vida das pessoas têm uma causa, que também só pode ser justa, uma vez que Deus é também justo. E isso precisa ser aceito por cada um de nós. Hoje, por meio do espiritismo, Deus revela aos homens essas causas, mostrando a nós todos a origem dos sofrimentos, sua justificativa e sua função.

Causas atuais das aflições

Os sofrimentos que temos que enfrentar na vida têm duas origens diferentes: uns têm origem na vida atual, enquanto outros vêm de outras encarnações. Muitos dos problemas que temos hoje são consequência do nosso próprio caráter e do nosso comportamento presente.

Assim, somos vítimas de nós mesmos: de nosso orgulho, de nosso descuido, de nossa ambição, de nossa falta de ordem e de nossa ausência de perseverança. Somos vítimas de nós mesmos por nunca estarmos satisfeitos com o que temos, por usarmos de interesse e vaidade nas nossas relações com o próximo, por disputarmos coisas sem necessidade, por exagerarmos na comida, na bebida e em outros prazeres materiais (o que acaba provocando doenças do corpo e do espírito), por fraqueza e indiferença na educação dos filhos (gerando mais tarde ingratidão e indiferença) e por tantas outras coisas ruins que vêm do nosso próprio comportamento.

Se pensássemos honestamente sobre de onde vêm os problemas que nos torturam, em boa parte das vezes chegaríamos à conclusão de que eles não teriam acontecido se tivéssemos feito ou deixado de fazer alguma coisa. Nesse caso, os responsáveis pelos sofrimentos somos nós próprios. Em muitas e muitas situações, somos os causadores de nossas próprias desarmonias. Mas, como somos vaidosos, em vez de reconhecermos isso, preferimos colocar a culpa no azar, em Deus ou em outras pessoas. E esquecemos que, para evitar isso tudo, a única solução é trabalharmos para melhorar moral e intelectualmente.

Os sofrimentos são uma espécie de aviso para nós, um aviso de que nos comportamos de forma errada. Eles nos trazem experiência, nos ajudam a separar o bem e o mal e nos mostram a necessidade de nos melhorarmos (para, no futuro, evitar mais sofrimentos).

Muitas vezes ficamos achando que a experiência e o sofrimento chegaram tarde demais, mas isso nunca é verdade. Assim como depois de cada noite há sempre um nascer do sol, também para as pessoas a oportunidade volta numa outra vida, quando haverá a chance de aproveitar a experiência adquirida no passado.

Causas anteriores das aflições

Mas existem problemas que não parecem ter sido causados por nada do que fizemos nesta vida (e que costumamos chamar de fatalidade). Um exemplo é a morte de entes queridos e daqueles que são o sustento da família. Outros exemplos são acidentes imprevisíveis, problemas financeiros inesperados, desastres e calamidades naturais (como terremotos, furacões, epidemias), certas doenças ou ainda defeitos de nascença.

Há crianças que nascem com graves problemas físicos e/ou mentais e há pessoas que adquirem sérias deficiências e doenças sem nada terem feito na atual existência para merecerem a infelicidade do destino, enquanto que, na mesma casa e na mesma família, muitos outros têm saúde perfeita.

Há também o caso das crianças que morrem muito cedo e que só passam por sofrimentos e dores. Se acharmos que a alma é criada no mesmo momento da formação do corpo físico, estaremos automaticamente negando a bondade e a justiça de Deus. Aliás, até hoje nenhuma filosofia ou religião conseguiu explicar casos assim. Afinal, que culpa teriam essas criaturas para, logo após sua criação, serem atingidas por males que não mereciam e castigadas, no futuro, por males que não praticaram, sem ter tido nem ao menos uma oportunidade?

Como todo o efeito tem uma causa, esses fatos possuem uma causa. Se aceitamos que há um Deus justo, a causa também, necessariamente, tem que ser justa. Como a causa vem antes do efeito (e não havendo explicações para esses sofrimentos na atual vida), essas causas só podem estar numa vida anterior.

Por outro lado, Deus não castiga ninguém pelo bem que fez nem pelo mal que não fez. Assim, se alguém é punido, é porque praticou o mal. Se a pessoa não praticou o mal na atual vida, isso só pode ter acontecido numa outra existência.

Dessa forma fica fácil entender que o homem nem sempre é punido (ou mesmo punido inteiramente) agora pelo mal que pratica na vida atual. O certo é que ele não escapa da punição por suas faltas, desde que mereça. E isso pode (totalmente ou em parte) só vir a acontecer nas suas próximas encarnações.

Assim, podemos afirmar com certeza que a vitória e a prosperidade do indivíduo mau é apenas aparente e momentânea. Se ele não for punido hoje, será punido amanhã (ou em outras vidas). Já a pessoa que sofre, está sofrendo as consequências de seus próprios atos, mesmo que não tenham sido cometidos nesta vida. Todo o sofrimento, mesmo aquele aparentemente não merecido, tem seu fundamento.

Além disso, o princípio da lei de Deus diz que o homem, por ação de uma justiça que não falha, acaba sofrendo o que fez outros sofrerem. Se foi duro, será tratado com dureza; se foi orgulhoso, poderá renascer numa condição humilhante; se foi egoísta ou se fez uso errado de sua riqueza, poderá renascer e vir a passar necessidade; se foi mau filho, poderá sofrer por ter também maus filhos, e assim por diante.

Sendo a Terra um mundo de provas e expiações, a distribuição de felicidade e de infelicidade entre seus habitantes parece ser inexplicável. Mas, como podemos ver, tudo tem sua explicação lógica. Por causa disso, o homem deveria agir e se esforçar para merecer reencarnar em um mundo mais adiantado, onde essas grandes diferenças não mais existem, porque seus habitantes já não as merecem.

As provas e os sofrimentos podem ser impostos a espíritos endurecidos ou muito ignorantes, para que eles possam se adiantar. Porém, os espíritos arrependidos, com certo conhecimento e que querem consertar o mal cometido, chegam a pedir e escolher as provas e sofrimentos por que terão de passar.

Os sofrimentos são, ao mesmo tempo, expiações do passado (com o recebimento do merecido castigo) e provas para o futuro. Deus, em sua justiça, permite ao homem consertar seus erros.

Contudo, nem todo sofrimento vem de uma falta. Muitas vezes ele é uma prova pedida pelo espírito para finalizar seu aperfeiçoamento e apressar seu progresso. Chegando a certo grau de adiantamento, um espírito pode pedir, por querer evoluir mais rápido, uma missão, uma tarefa difícil de executar. Se ele conseguir terminá-la bem, será recompensado. E esse seria o caso de pessoas de instintos bons e de nobres sentimentos, que, muitas vezes com grande paciência, sofrem as maiores dores. O sofrimento que não causa reclamações da criatura, embora possa ser uma expiação, muitas vezes foi pedido por vontade dela própria – e isso é um exemplo de forte vontade na direção do bem, significando progresso.

Os espíritos não podem se considerar completamente felizes enquanto não atingem o grau de pureza. Se apresentam imperfeições, ainda não conseguem chegar aos mundos ditosos (ou felizes). Por isso, um espírito que sofre deve aproveitar seu sofrimento, aceitando os acontecimentos e procurando aprender com eles, em vez de ficar inconformado. Pois, se não aprender agora, poderá ter que recomeçar tudo de novo e sofrer todas as experiências novamente (exatamente como acontece com o aluno que é obrigado a repetir o ano na escola).

Esquecimento do passado

Mas por que esquecemos o que nos aconteceu ou o que fizemos em vidas passadas? O esquecimento do passado foi estabelecido por Deus para o nosso próprio bem. A lembrança de vidas passadas nos traria graves problemas, porque poderia interferir no nosso livre-arbítrio (ou seja, em nossa possibilidade de escolha). Quase sempre essa lembrança atrapalharia nossas relações com parentes e amigos.

Como muitas vezes o espírito renasce no mesmo meio em que já viveu, e se relaciona com as mesmas pessoas, para fazer os acertos necessários e consertar o mal que ele tenha feito contra alguém, é necessário que se esqueça, por exemplo, que detestava essa pessoa numa vida anterior. Se ele tivesse essa lembrança, talvez o ódio pudesse surgir de novo em seu coração e isso poderia impedir que eles se acertassem.

Sendo assim, Deus determinou o esquecimento das vidas anteriores e nos deu aquilo de que precisamos e que é suficiente para convivermos da melhor maneira possível com inimigos do passado: a voz da consciência e as tendências instintivas.

Na verdade, não serve para muita coisa sabermos o que fomos antes. Importa apenas saber que, se estamos sendo punidos, é porque praticamos o mal. Temos então que analisar sinceramente as nossas tendências atuais e tentarmos corrigir o que for necessário. A voz da nossa consciência nos indica as boas decisões a tomar e nos dá forças para resistir às tentações e não praticar o mal.

Mas o esquecimento do passado só acontece durante a vida corpórea. Quando o espírito retorna à vida espiritual (com a morte do corpo físico), ele volta a ter a lembrança do passado, como acontece conosco ao acordarmos de uma noite de sono: lembramos sem problemas do que houve no dia anterior. E o espírito (mesmo encarnado) jamais perde totalmente a sua memória do passado, pois durante o sono ele tem consciência de seus atos, sabe por que sofre e tem certeza de que, se sofre, é porque merece.

Motivos de resignação

As palavras de Jesus nos mostram que as dores terrestres são o pagamento de dívidas que foram adquiridas através dos nossos erros cometidos no passado e que, suportadas com paciência, essas dores podem nos poupar séculos de sofrimentos futuros. É assim que devemos compreender as palavras: "bem-aventurados os aflitos, pois que serão consolados".

Após a quitação da dívida que, por misericórdia de Deus, costuma corresponder a apenas uma parte do total que seria devido, a criatura fica livre. Mas, caso não se conforme com as aflições e venha a acusar injustamente a Deus pelos seus sofrimentos, sua situação poderá se complicar, tendo que recomeçar tudo de novo.

O homem pode suavizar ou piorar suas provas terrenas de acordo com a maneira como irá encarar as coisas. A vida na Terra, sob o ponto de vista espiritual, é de curta duração. A certeza de um futuro próximo feliz ajuda o espírito encarnado a superar os sofrimentos corpóreos com paciência e sem queixas. Se encararmos dessa forma, as coisas terrenas passam a ter menos importância e passamos a ter calma e resignação, que são sempre úteis à saúde do corpo e à tranquilidade do espírito.

O suicídio e a loucura

Ter tranquilidade e resignação diante dos sofrimentos e saber que eles são passageiros ajudam a evitar a loucura e o suicídio. Boa parte dos casos de loucura vem de problemas emocionais causados por sofrimentos que o homem não tem bastante coragem para suportar. Quanto ao suicídio, com exceção daqueles cometidos por estado de embriaguez ou de loucura (por isso mesmo inconscientes), costuma acontecer por causa de um descontentamento.

As pessoas que sabem que as aflições são passageiras costumam ter grande paciência, suportando e superando melhor as dificuldades. Mas as coisas podem acontecer de maneira diferente com aquelas que acreditam que a vida acaba com a morte física. Uma vez que esperam nada encontrar após a morte, muitas vezes tentam apressar o fim dos seus sofrimentos através do suicídio – mas, como a vida continua, essa tentativa é sempre fracassada.

O espiritismo ajuda muito ao nos informar sobre a situação em que os suicidas se encontram após a morte. Essa situação é contada pelos próprios suicidas, que a descrevem como de grande desgraça e sofrimento, prova de que ninguém viola impunemente as leis divinas. Entre os suicidas vemos sofrimentos terríveis.

E o espírita tem diversos motivos para não aprovar o suicídio. Um deles é a certeza de uma melhor vida futura. Outro é a certeza de que, se cometer suicídio, vai se encontrar numa situação horrível e terá mais dificuldade para reencontrar seus entes queridos na vida espiritual.

Neste capítulo, os espíritos ensinam:

1. Que devemos ficar satisfeitos por recebermos a oportunidade de enfrentar as lutas da vida e nos esforçar por dominar os impulsos ruins, a impaciência, a cólera e o desespero, porque "bem-aventurados os aflitos" significa que bem-aventurados serão aqueles capazes de provar sua fé, firmeza, perseverança e aceitação da vontade de Deus na Terra.

2. Que a vida na Terra traz muitos sofrimentos porque em nosso planeta ainda mora uma humanidade muito atrasada espiritualmente.

3. Que devemos nos consolar pensando no futuro que Deus está preparando para nós, e que precisamos buscar as causas dos nossos problemas no nosso passado.

4. Que antes de reencarnar escolhemos muitas provas por que teríamos que passar, e que por isso devemos suportá-las com paciência, sem reclamar contra Deus.

5. Que o melhor remédio é a fé, que mostra sempre o melhor caminho para diminuirmos nossas angústias.

6. Que "a felicidade não é deste mundo", e que nem mesmo o poder, a riqueza e a juventude são suficientes para se ter felicidade.

7. Que a Terra não está destinada para sempre a ser uma espécie de penitenciária, e que vai se aperfeiçoar e melhorar (e essa é uma grande tarefa do espiritismo).

8. Que devemos todos atuar na propagação do espiritismo, o que irá acelerar a transformação da Terra em mundo de regeneração.

9. Que as desencarnações inesperadas (quando indivíduos muito mais moços partem antes dos mais velhos, o que é considerado cruel e sem sentido por muitos) obedecem a razões perfeitas, e que acontecem com objetivos regeneradores.

10. Que muitas vezes essas mortes prematuras são um grande benefício, porque evitam que a pessoa caia em certas tentações materiais que talvez a prejudicassem muito se ficasse por mais tempo encarnada.

11. Que a criatura, ao desencarnar, continua seu caminho na vida espiritual, e que também lá pode ter grandes esperanças para o futuro.

12. Que as pessoas que desencarnaram estão vivendo ao nosso lado, que estão perto de nós, que nos envolvem e protegem, e que se alegram com nossos pensamentos de alegria a respeito delas.

13. Que desejar que um homem bom permaneça na Terra por muito tempo seria o mesmo que desejar que um prisioneiro, mesmo que já cumprida a sua pena, fique por mais tempo na prisão; e que desejar que um homem mau desencarne logo seria como querer libertar o criminoso antes de cumprida uma parte importante da pena.

14. Que para o espírito a verdadeira liberdade é ficar livre dos laços materiais, e a Terra é como uma prisão; que a vida real é a espiritual, sendo a vida material uma simples fase no curso infinito das existências do espírito.

15. Que talvez o homem pudesse encontrar relativa felicidade na Terra se não a procurasse nos prazeres materiais, de curta duração, em vez de procurá-la nos prazeres do espírito, que não acabam nunca.

16. Que quem se contenta com o que tem economiza muito sofrimento: olhando para os que menos possuem, sente-se sempre rico e não cria falsas necessidades para si mesmo.

17. Que muitas vezes um acontecimento que é ruim a princípio acaba produzindo um bem, e que existem fatos inicialmente agra-

dáveis que podem acabar se mostrando negativos (como exemplo temos as tempestades, que arrancam árvores do chão, mas que purificam o ar).

18. Que tudo o que se considera uma infelicidade do ponto de vista da vida terrena termina com o fim da vida corporal e passa a ser visto de outra maneira na vida espiritual; que a verdadeira infelicidade é a busca do prazer desenfreado, o tumulto, a agitação sem meta e a satisfação da vaidade, que atordoam o homem.

19. Que o espiritismo nos esclarece sobre todas essas verdades e nos indica que vale a pena perdermos a riqueza e o corpo de carne na batalha da vida, para garantirmos um estado glorioso na vida espiritual.

20. Que certo cansaço que às vezes pode dominar o homem vem do esforço que ele faz para se libertar do corpo físico, em sua busca pela felicidade (muitas vezes o espírito erradamente acha que seus esforços são inúteis, ficando abatido e infeliz).

21. Que devemos esperar com paciência o momento de nossa libertação da matéria física, porque durante a encarnação temos variadas missões a cumprir e diversas obrigações a desempenhar, e que as dificuldades duram pouco e nos levarão, no futuro, ao reencontro na espiritualidade com as pessoas queridas.

22. Que as provas existem para exercitar a inteligência, a paciência e a resignação, mas que o homem pode e deve procurar meios de superar essas dificuldades; que é importante sofrer sem reclamar, mas também é preciso, ao mesmo tempo, continuar lutando, sem desanimar, caso não seja bem-sucedido.

23. Que só há mérito em alguém procurar sofrimentos por vontade própria se esses sofrimentos tiverem como objetivo levar o bem ao próximo; que não devemos enfraquecer nossos corpos com sacrifícios sem objetivo, pois isso seria uma espécie de suicídio.

24. Que não devemos assistir parados ao andamento de certas provas (ou ao sofrimento das pessoas), já que Deus nos colocou ao lado dos que sofrem para usarmos os meios ao nosso alcance para suavizar, tanto quanto possível, os seus sofrimentos.

25. Que o espírita nunca deve agir como instrumento de tortura ou de sofrimento para os semelhantes, e que deve sempre tentar aliviar as dores dos que sofrem, sabendo que, faça o que fizer, no fim a vontade de Deus sempre vai ser cumprida.

26. Que todos estamos na Terra para expiar, mas todos devemos nos esforçar por suavizar a expiação dos semelhantes, de acordo com a lei de amor e caridade.

27. Que não devemos ajudar um doente que está morrendo a morrer mais depressa, porque só Deus dispõe de conhecimento total para saber o exato momento em que alguém deve partir, e que aqueles instantes finais podem ajudar esse doente a arrepender-se e melhorar; que é correto procurar diminuir seus últimos sofrimentos, quando possível, mas nunca terminar com eles antes do tempo.

28. Que os nossos sofrimentos podem representar benefícios para os outros, tanto material quanto moralmente; que alguns sacrifícios que fazemos muitas vezes servem para ajudar outras pessoas, além de serem sempre um bom exemplo para elas (e o bom exemplo costuma trazer resignação e confiança no futuro para os que sofrem).

CAPÍTULO 6

O CRISTO CONSOLADOR

O fardo leve

> Venham a mim, vocês todos que estão aflitos e sobrecarregados, que eu os aliviarei. Tomem sobre vocês o meu jugo e aprendam comigo que eu sou brando e humilde de coração e acharão repouso para suas almas, pois o meu fardo é leve e meu jugo, suave. (Mateus, capítulo 9, versículo 28 a 30)

Jesus prometeu, para aqueles que Nele confiam e que observam Seus conselhos, dificuldades suavizadas e consolações no futuro. Mas não acontece a mesma coisa com aquele que em nada acredita e que nada espera após a vida física, ou que simplesmente tem dúvidas sobre ela. Nesse caso, nada consegue diminuir as aflições de sua vida, pois só a confiança na sobrevivência após a morte pode nos consolar dos sofrimentos terrenos.

O consolador prometido

> Se vocês me amam, guardem os meus mandamentos; e eu pedirei a meu Pai que lhes mande outro consolador para que fique eternamente com vocês: o Espírito de Verdade, que o

mundo não pode receber, porque não o vê e absolutamente não o conhece. Porém vocês o conhecerão, porque ele ficará com vocês e estará em vocês. Mas o Consolador, que é o Santo Espírito que meu Pai vai enviar em meu nome vai ensinar-lhes todas as coisas e os fará recordar tudo o que eu lhes tenho dito. (João, capítulo 14, versículo 15 a 17 e 26)

Nessa famosa passagem, Jesus promete outro consolador, o Espírito de Verdade (que traz o espiritismo). O espiritismo veio para nos ensinar muitas outras coisas (já que na época de Jesus não era possível dizer tudo, por causa do pouco desenvolvimento das pessoas). Veio também para nos fazer relembrar o que o próprio Cristo ensinou, explicando melhor e de forma mais direta coisas que Ele havia dito através de parábolas e símbolos.

O espiritismo vem, então, esclarecer muitos mistérios e trazer conforto aos que sofrem, mostrando que há uma explicação lógica para os sofrimentos, explicação essa que muitas vezes está em vidas passadas.

O espiritismo também mostra qual é o objetivo dos sofrimentos. Explica que, no fundo, eles acontecem para o bem da pessoa e que servem para fazê-la mais feliz em vidas futuras. O espiritismo esclarece ao homem que ele mereceu sofrer e nos diz que todo sofrimento é justo.

Assim, a pessoa que crê passa a ter grande fé, o que a ajuda a suportar as dificuldades da vida. Ela passa a entender que essas dificuldades são, na verdade, problemas menores, e a certeza de felicidade futura faz com que tenha compreensão, paciência e resignação.

Neste capítulo, os espíritos ensinam:

1. Que devemos retornar ao bom caminho, que é aquele que conduz à verdadeira vida.

2. Que todos nós, encarnados e desencarnados, devemos ajudar-nos uns aos outros.

3. Que a morte não existe e que a vida corporal é simplesmente um campo de provas.

4. Que devemos amar-nos uns aos outros, em primeiro lugar, e nos instruirmos, em segundo, porque no cristianismo se encontram todas as verdades (os erros que possam existir vêm sempre de falhas humanas).

5. Que os sofredores devem conformar-se, porque também merecerão consolo para suas amarguras; que devem retomar sempre o trabalho do dia anterior, tendo a certeza de que o Espírito de Verdade (Jesus) vela sempre por todos.

6. Que o cansaço e os sofrimentos de agora são passageiros, e que depois deles virão as alegrias que todos irão sentir no futuro.

7. Que os que sofrem e ajudam aos mais necessitados são bem vistos por Deus.

8. Que todos devem compreender o objetivo das provas humanas; que não se devem invejar os ricos (que muitas vezes são sofredores e atravessam provas consideradas bem mais perigosas).

9. Que Jesus é o grande médico das almas e oferece o remédio para curar a todos nós, considerando os fracos, os sofredores e os doentes seus filhos preferidos.

10. Que o espiritismo é um belo convite à recuperação das pessoas, e que devemos retirar de nossos espíritos a impiedade, a mentira, o erro e a falta de crença.

11. Que duas atitudes, em especial, devem ser cultivadas por aqueles que querem evoluir: a abnegação (ou a prática do bem sem visar nenhum interesse pessoal) e o devotamento (o esforço para praticar sempre o bem); que essas virtudes tornam a alma muito forte, porque resumem todos os deveres que a caridade e a humildade nos impõem.

CAPÍTULO 7

BEM-AVENTURADOS OS POBRES DE ESPÍRITO

O que significa "pobres de espírito"

> Bem-aventurados os pobres de espírito, pois que é deles o reino dos céus. (Mateus, capítulo 5, versículo 3)

Muitos não entenderam o que Jesus chamou de "pobres de espírito". Jesus entendia que eles não eram aqueles sem inteligência, mas os humildes, para os quais está reservado um bom lugar na espiritualidade.

No nosso mundo, em geral, os homens de saber se acham tão sábios que costumam desprezar as coisas divinas, como se essas fossem bobagens ou coisas que não merecem atenção. Por se acharem superiores, negam a existência de Deus e se acham capazes de, sozinhos, explicar tudo o que acontece no mundo.

Achando que a inteligência universal (ou seja, Deus) não poderia ser maior do que a própria inteligência deles, acabam dificultando o próprio entendimento, passando a não compreender que existe uma inteligência e uma ação maior do que a deles próprios.

Não acreditam na existência de mundos invisíveis, porque não podem aceitar que aconteça alguma coisa fora de seu raio de ação e de visão. E são tão convencidos da própria sabedoria que não podem acreditar que existam coisas boas apenas para pessoas simples, os "pobres de espírito". Mas sempre chega o dia em que eles também desencarnam, e aí são obrigados a aceitar o que antes recusavam.

Jesus, ao dizer que "o reino do céu é dos simples" quis dizer que, para chegar bem à espiritualidade, a criatura deve cultivar simplicidade de coração e humildade de espírito. Quis também deixar claro que uma pessoa ignorante, mas que tenha essas qualidades (simplicidade e humildade) terá mais chances de estar bem na espiritualidade do que um sábio que se acha mais importante que Deus. Jesus considera a humildade uma virtude que aproxima as criaturas de Deus, e o orgulho um vício que as afasta Dele. Humildade é submissão a Deus; o orgulho é revolta contra Ele.

Aquele que se eleva será rebaixado

Por essa época, os discípulos se aproximaram de Jesus e perguntaram: "Quem é o maior no reino dos céus?". Jesus, chamando um menino, o colocou no meio deles e respondeu: "Digo-lhes, em verdade, que, se vocês não se converterem e não se tornarem iguais às crianças, não entrarão no reino dos céus. Porque quem se humilhar e se tornar pequeno como esta criança será o maior no reino dos céus, e quem recebe uma criança em meu nome, da forma que acabo de dizer, é a mim mesmo que recebe. (Mateus, capítulo 18, versículos 1 a 5)

Então, a mãe dos filhos de Zebedeu se aproximou Dele com seus dois filhos, querendo Lhe pedir alguma coisa. Perguntou-lhe Ele: "Que quer você?". "Manda, disse ela, que estes meus dois filhos tenham assento no teu reino, um à tua direita e o outro à tua esquerda". Mas Jesus lhe respondeu: "Você não sabe o que pede; podem vocês dois beber o cálice que eu vou beber?". Eles responderam: "Podemos". Jesus retrucou: "É certo que beberão o cálice que eu beber; mas, no que diz respeito a sentarem-se à minha direita ou à minha esquerda, não me cabe a mim lhes conceder; isso será para aqueles a quem meu Pai tem preparado". Ouvindo isso, os dez outros apóstolos se indignaram contra os dois irmãos. Jesus, chamando-os, lhes disse: "Vocês sabem que os príncipes das nações as dominam e que os grandes as tratam como império. Mas não deve ser assim entre vocês; ao contrário, aquele que quiser tornar-se o maior, seja seu servo; e aquele que quiser ser o primeiro entre vocês seja seu escravo; do mesmo jeito que o Filho do Homem não veio para ser servido, mas para servir e dar a vida pela redenção de muitos". (Mateus, capítulo 20, versículos 20 a 28)

Num sábado, Jesus entrou na casa de um dos principais fariseus para fazer sua refeição. Os que estavam lá o observaram. Então, notando que os convidados escolhiam os primeiros lugares, contou-lhes uma parábola, dizendo: "Quando vocês forem convidados para uma festa de casamento, não escolham o primeiro lugar, para que não aconteça que, havendo entre os convidados uma pessoa mais importante do que vocês, aquele que os convidou venha a lhes pedir que deem o vosso lugar a ele, e vocês sejam obrigados a ocupar, cheios de vergonha, o último lugar. Quando forem convidados, coloquem-se no último lugar, para que quem os convidou chegue e diga: *meu amigo, venha mais para cima*. Isso então será para vocês um motivo de glória, diante de todos os que estiverem à mesa; porque todo aquele que se eleva será rebaixado e todo aquele que se abaixa será elevado". (Lucas, capítulo 14, versículos 1 e 7 a 11)

Esses textos dos evangelistas exaltam o princípio da humildade, condição essencial que todos deveriam apresentar, segundo Jesus, para atingirem uma boa situação na espiritualidade. Para exemplificar, Jesus mostra uma criança, querendo dizer que, para atingir o reino do céu, a pessoa deve agir como se fosse uma criança, ou seja, não se achar superior nem infalível. E resume tudo com a máxima: "quem se humilhar será exaltado e quem se elevar será rebaixado".

O espiritismo mostra bem que, muitas vezes, os que ocupam posições muito importantes no mundo material chegam à espiritualidade em situação ruim, e que muitas pessoas que não tiveram posições de mando ou de destaque na Terra, mas que cultivaram as virtudes do espírito, acabam em ótima situação no mundo espiritual. Da mesma maneira, o espiritismo mostra que algumas pessoas que ocupam posições elevadas em certa encarnação, mas que são dominadas pelo orgulho e pela ambição, acabam, numa encarnação posterior, muitas vezes, em péssima situação. Por isso, Jesus aconselha a não nos colocarmos em lugar de destaque em relação aos outros. Diz que devemos nos manter numa posição modesta, pois nosso merecimento e nosso esforço vão sempre ser recompensados.

Mistérios ocultos aos cultos e aos prudentes

> Disse então Jesus estas palavras: "Graças te rendo, meu Pai, Senhor do Céu e da Terra, por teres escondido estas coisas dos cultos e dos prudentes e por as teres revelado aos simples e aos pequenos". (Mateus, capítulo 11, versículo 25)

Os simples e os pequenos são os humildes, os que não se consideram maiores do que Deus e nem mesmo superiores aos seus semelhantes. A eles Deus revela os segredos dos céus, ou seja, os segredos do mundo espiritual. Aos cultos (sinônimo de sábios), e aos prudentes (aqui querendo significar os orgulhosos, os que muitas vezes negam a existência de Deus ou tentam tratá-Lo de igual para igual), Deus deixa a pesquisa dos segredos da Terra. Os espíritos não se submetem à vontade e às exigências deles.

Deus escuta com bondade aos que O procuram com humildade e não aos que a Ele se dirigem com exigências e pretendendo ser mais do que Ele mesmo.

Muitos se perguntam se Deus, para convencer os que não crêem, não poderia promover manifestações ostensivas, ou seja, fazer a exibição de fenômenos em praça pública para as multidões verem. É claro que poderia. Mas, nesse caso, que mérito essas pessoas teriam, sem o esforço de busca? Além disso, tem gente que, mesmo presenciando coisas extraordinárias, nega o fenômeno, dizendo não acreditar nele, por achar aquilo impossível. O orgulho atrasa a evolução das pessoas, e é preciso esperar pelo seu amadurecimento. Deus não abandona ninguém; espera primeiro que cada um se cure do orgulho e depois busque a Ele, que recebe a todos de braços abertos.

Neste capítulo, os espíritos ensinam:

1. Que a humildade (virtude muito esquecida), torna os homens iguais e faz com que se ajudem uns aos outros.

2. Que o orgulho é inimigo da humildade.

3. Que os corpos dos ricos e os dos pobres são os mesmos, e que todos têm a mesma substância divina; que o rico de hoje pode ter sido, em uma encarnação anterior, o pobre miserável que hoje ele despreza; que, com a morte, desaparecem todas as riquezas materiais.

4. Que, para Deus, todos os homens são iguais, só se diferenciando pelas virtudes que tenham.

5. Que todos os espíritos têm a mesma essência e encarnam em corpos de mesma natureza.

6. Que os pobres não devem desejar possuir as riquezas em excesso que alguns exibem, pois muitas vezes dores e dramas terríveis se abatem sobre os ricos (em muitos casos seria preferível a humildade e a pobreza do que a riqueza cheia de sofrimentos).

7. Que os que sofrem injustiças devem ser tolerantes com os outros, uma vez que não existe ninguém sem culpas; que devem aguentar com coragem as humilhações que surgirem como provas e expiações.

8. Que o orgulho é a fonte de todos os nossos males, e que é responsável pelos sofrimentos e pelo mal-estar geral que há na Terra.

9. Que Deus castiga os vaidosos; que deixa apenas que eles subam, dando-lhes tempo para a necessária reflexão, mas que o corretivo vem sempre.

10. Que ninguém deve orgulhar-se da própria inteligência, pois, se Deus deu à criatura a oportunidade de ser inteligente, é porque deseja que essa inteligência seja usada pela pessoa para promover o bem-comum.

CAPÍTULO 8

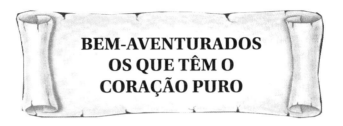

BEM-AVENTURADOS OS QUE TÊM O CORAÇÃO PURO

Simplicidade e pureza de coração

> Bem-aventurados os que têm o coração puro, porque verão a Deus. (Mateus, capítulo 5, versículo 8)

> Apresentaram-Lhe então algumas crianças, para que Ele as tocasse, e, como seus discípulos afastassem asperamente os que as traziam, Jesus Se zangou e lhes disse: "Deixem que venham a mim as criancinhas e não as impeçam, porque o reino dos céus é para os que se parecem com elas. Digo-lhes, em verdade, que aquele que não receber o reino de Deus como uma criança não entrará nele". E, depois de abraçar as crianças, abençoou-as, impondo-lhes as mãos. (Marcos, capítulo 10, versículos 13 a 16)

A pureza do coração representa a simplicidade e a humildade, o oposto de orgulho e egoísmo. Por isso, Jesus usou as crianças como exemplo dessa pureza. A infância é o momento em que o espírito renascido, e que ainda não teve a chance de manifestar as tendências ruins que possa ter trazido de outras vidas, tem toda uma oportunidade de educação e de mudança de rumos. Além disso, representa a imagem da inocência e da candura. Jesus não disse que o reino dos céus era *para as crianças*, mas *para os que parecem com elas*.

Antes da encarnação, o espírito sofre uma certa perturbação e entra em estado de sonolência, esquecendo-se do passado e preparando-se para a nova experiência na carne. Tudo o que o possa atrapalhar é esquecido. Após o nascimento, o espírito vai se desenvolvendo aos poucos, mas nos primeiros anos é uma criança de verdade, porque seu caráter e sua maneira de ser, trazidos de outras vidas, ainda se encontram adormecidos. Assim, nessa época (a infância), ele é mais fácil de educar e tem mais chances de mudar certas tendências, podendo progredir mais depressa.

Pecado por pensamentos. Adultério

> Vocês aprenderam que foi dito aos antigos: "Não cometerás adultério". Mas eu lhes digo que quem tiver olhado uma mulher com mau desejo, já em seu coração cometeu adultério com ela. (Mateus, capítulo 5, versículo 27 e 28)

Jesus usou o termo 'adultério' num sentido mais amplo, significando o mal, o pecado. Jesus condenou o pecado, mesmo em pensamento, porque é sinal de imperfeição. A alma, em sua evolução, procura pouco a pouco se melhorar. Aqueles espíritos que já conseguem nem mesmo pensar no mal já conseguiram grande progresso. Outros, contudo, pensam no mal, mas o afastam e não o executam (o que significa que já fizeram um bom progresso). Finalmente, há os que pensam no mal e infelizmente o executam, e que por isso ainda têm pela frente todo um longo caminho a ser percorrido.

A pureza verdadeira. Mãos não lavadas

> Então os escribas e os fariseus, que tinham vindo de Jerusalém, chegaram perto de Jesus e Lhe perguntaram: "Por que os Teus discípulos violam a tradição dos antigos, já que não lavam

as mãos quando fazem suas refeições?". Ao que Jesus lhes respondeu: "E por que vocês violam o mandamento de Deus, para seguir sua tradição? Porque Deus nos deu este mandamento: honrai a seu pai e a sua mãe; e este outro: seja punido com a morte aquele que disser palavras ofensivas a seu pai ou a sua mãe; e no entanto vocês dizem: aquele que tenha dito a seu pai ou a sua mãe: *Toda oferenda que faço a Deus vos é proveitosa, satisfaz à lei*, ainda que depois não honre, nem assista a seu pai ou a sua mãe. Tornam assim inútil o mandamento de Deus, por sua própria tradição. Hipócritas, bem profetizou a seu respeito Isaías, quando disse: este povo me honra de lábios, mas conserva de longe de mim o coração; é em vão que me honram ensinando máximas e ordenações humanas". Depois, chamando o povo, disse: "Escutem e compreendam bem isto: não é o que entra pela boca que contamina o homem; o que sai da boca do homem é que o macula. O que sai da boca vem do coração e é o que torna o homem impuro; porque é do coração que saem os maus pensamentos, os assassinatos, os adultérios, as fornicações, os latrocínios, os falsos-testemunhos, as blasfêmias e as maledicências. Essas são as coisas que tornam o homem impuro; o ato de comer sem ter lavado as mãos não é o que o torna impuro". Então, aproximando-se Dele, disseram-lhe Seus discípulos: "Sabia que os fariseus se escandalizaram ao ouvir o que você acaba de dizer?". Mas Ele respondeu: "Toda planta que meu Pai celestial não plantou será arrancada. Deixem-nos, são cegos guiando cegos; se um cego guia o outro, os dois caem no fosso". (Mateus, capítulo 15, versículos 1 a 20)

Enquanto Ele falava, um fariseu O convidou para jantar com ele. Jesus foi e sentou-se à mesa. O fariseu começou então a dizer consigo mesmo: "Por que Ele não lavou as mãos antes de jantar?". Porém lhe disse o Senhor: "Vocês fariseus se preocupam muito em limpar por fora o copo e o prato; entretanto, o interior dos seus corações está cheio de rapinas e de iniquidades. Insensatos! Aquele que fez o exterior não é o mesmo que também faz o interior?". (Lucas, capítulo 11, versículos 37 a 40)

Com o tempo os judeus da época se esqueceram dos verdadeiros mandamentos para cultivarem práticas exteriores, variados ritos e regulamentos que davam maior importância à forma e ao exterior. Por isso, preocupavam-se muito em lavar as mãos, mas preocupavam-se pouco em manter puros os sentimentos. Acostumaram-se, com o tempo, a pensar que Deus não exigiria mais do que isso. Com a doutrina cristã, a mesma coisa acabou acontecendo, com as pessoas dando mais importância a práticas exteriores, como rituais, cerimônias e símbolos materiais. O objetivo da religião é reconduzir o homem a Deus, e isso não se consegue através de práticas externas, mas através do esforço pessoal para ser uma pessoa de bem, cultivando a pureza de coração.

Escândalos. Se sua mão é motivo de escândalo, corte-a

> Se alguém escandalizar a um destes pequenos que creem em mim, melhor seria que lhe amarrassem ao pescoço uma dessas pedras de moinho que os asnos fazem girar, e que o jogassem no fundo do mar. Ai do mundo por causa dos escândalos; pois é preciso que venham escândalos; mas, ai do homem por quem o escândalo venha. Tenham muito cuidado em não desprezar um destes pequenos. Declaro-lhes que seus anjos no céu veem incessantemente a face de meu Pai que está nos céus, porque o Filho do homem veio salvar o que estava perdido. Se a sua mão ou o seu pé for objeto de escândalo, cortem-no e o lancem para longe; será melhor para vocês entrarem na vida tendo um só pé ou uma só mão, do que terem dois e serem jogados no fogo eterno. Se o seu olho for objeto de escândalo, arranquem-no e o lancem longe de vocês; será melhor para vocês entrarem na vida tendo um dó olho, do que terem dois e serem lançados no fogo do inferno. (Mateus, capítulo 18, versículos 6 a 11; capítulo 5, versículos 29 a 30)

O termo 'escândalo', aqui usado por Jesus, significava o resultado efetivo do mal moral, ou seja, tudo o que resultava dos vícios e imperfeições humanas. Quando diz Jesus que "é preciso que haja escândalo no mundo", significa que os homens, sendo imperfeitos e com tendência a praticar o mal, vão praticá-lo enquanto não melhorarem. Quando fala Jesus que "é necessário que o escândalo venha", refere-se ao fato de a Terra ser planeta de provas e expiações, com os homens punindo-se uns aos outros pelos problemas que provocam. Um aparente mal acaba resultando num bem, pois assim acontece a evolução.

Em mundos evoluídos, onde o mal não mais existe, todos fazem o bem, não acontecendo aí nenhum tipo de escândalo, na linguagem utilizada por Jesus. Quando Jesus fala que "ai daquele por quem venha o escândalo", significa que, apesar de o escândalo (o mal feito aos outros) servir ao funcionamento das leis divinas (pois é usado para corrigir criaturas que merecem ser corrigidas), nem por isso a pessoa que praticou o mal deixará de receber punição futura. Ela foi instrumento das leis divinas na aplicação do corretivo (que resultou num bem), mas agiu praticando o mal, pelo qual terá de pagar futuramente. Quando Jesus usa a expressão "se a sua mão é causa de escândalo, corte-a", quer dizer que, ao notarmos dentro de nós um sentimento impuro, devemos fazer todos os esforços para expulsar esse sentimento. É claro que Jesus não quis dizer que deveríamos nos mutilar fisicamente; essa imagem usada pelo Cristo não pode ser tomada ao pé da letra.

Neste capítulo, os espíritos ensinam:

1. Que as palavras de Jesus não significavam um simples chamado às crianças, mas em especial representavam um chamado à infância espiritual do planeta: os fracos, os viciosos, os escravizados, os pecadores.

2. Que Jesus queria que essa categoria de criaturas infelizes O procurasse com a confiança que, em geral, as crianças têm ao buscar a orientação dos que podem encaminhá-las na vida, como pais e professores.

3. Que Jesus foi o verdadeiro iniciador do espiritismo, que vai atrair, com sua lógica, não mais só as criancinhas, mas os homens de boa-vontade.

4. Que temos o que de melhor existe, que é o amor, virtude que não pode se deteriorar como acontece com as coisas materiais.

5. Que, ao se procurar uma cura do corpo, deve-se pedir, antes de tudo, uma cura da alma.

Neste capítulo, Kardec ensina:

1. Que quando um sofrimento não é consequência de atos da vida atual, provavelmente suas causas estão em vidas passadas.

2. Que muitas coisas que achamos que acontecem por acaso (ou por uma falta de sorte) na realidade estão de acordo com a atuação das leis de Deus, que não são arbitrárias nem injustas; e que toda punição para a criatura corresponde a uma falta cometida por ela antes.

CAPÍTULO 9

BEM-AVENTURADOS OS BRANDOS E PACÍFICOS

Injúrias e violências

> Bem-aventurados os brandos, porque possuirão a Terra. (Mateus, capítulo 5, versículo 5)
>
> Bem-aventurados os pacíficos, porque serão chamados de filhos de Deus. (Mateus, capítulo 5, versículo 9)
>
> Vocês sabem que foi dito aos antigos: não matem, e quem matar merecerá condenação pelo juízo. Mas eu lhes digo que quem quer que lance cólera contra seu irmão merecerá condenação no juízo; que quem disser a seu irmão: *raça*, merecerá condenação pelo conselho; e que aquele que lhe disser: *és louco*, merecerá condenação ao fogo do inferno. (Mateus, capítulo 5, versículo 21 e 22)

Com essas palavras, Jesus condenava a violência, a cólera e toda ação agressiva para com o próximo. A palavra "raça", entre os judeus, significava "homem que não vale nada" e era pronunciada cuspindo-se e se virando a cabeça de lado. Jesus procurava mostrar que toda palavra ofensiva representava um sentimento contrário ao amor e ao sentimento de caridade que deveriam ser a base das relações entre os homens. Depois da humildade perante Deus, Jesus recomendava a caridade e a fraternidade para com os outros.

Jesus, por outro lado, ao mesmo tempo em que pregava a renúncia aos bens do mundo, dizia que "os brandos possuirão a Terra no futuro". Mas uma coisa não é o contrário da outra, embora possa parecer à primeira vista. A explicação é que, no momento, os bens terrenos são possuídos pelos homens violentos e sem ética, e em prejuízo dos bons e pacíficos, mas que a humanidade caminha para o progresso. Sendo assim, no futuro, estando a Terra numa outra classe de mundos, os maus deixarão de possuir os bens, mesmo porque não poderão mais habitar um mundo que tenha atingido níveis melhores de evolução. Então os brandos e pacíficos serão, naturalmente, donos dos bens terrenos, que não serão mais utilizados com egoísmo.

Neste capítulo, os espíritos ensinam:

1. Que devemos nos esforçar por ser os mesmos em todas as situações, tanto em sociedade quanto na intimidade, já que, pelas aparências, é possível enganar aos homens, mas nunca se consegue enganar a Deus.

2. Que devemos exercitar a virtude da paciência, uma vez que o sofrimento é uma bênção que Deus nos envia para corrigir nossas faltas do passado.

3. Que a caridade mais fácil é dar uma esmola aos pobres, mas que há outro tipo de caridade, mais difícil e meritória, que é o ato de perdoarmos quem Deus colocou em nosso caminho como instrumento de sofrimento para nós e também como prova para que pratiquemos a paciência.

4. Que a obediência, na visão da espiritualidade, ocorre sempre acompanhada da razão (não sendo obediência cega), e que a resignação surge com o apoio do sentimento, sem fingimentos, orgulho ou egoísmo.

5. Que não devemos nos deixar vencer pela preguiça e que devemos avançar sempre, tendo como base os novos ensinamentos que são trazidos pela doutrina espírita.

6. Que o colérico (ou raivoso) é infeliz e torna infelizes todas as pessoas que com ele convivem; que a cólera compromete a saúde; que o espírita deve esforçar-se para evitar o cultivo da cólera, que é contrária à caridade e à humildade cristãs.

7. Que é falsa a ideia de que o homem não tem possibilidades de mudar sua própria natureza; que a pessoa só continua com vícios e defeitos quando quer, porque, se desejar, sempre pode se corrigir; e que, se não fosse assim, não existiria a lei do progresso.

CAPÍTULO 10

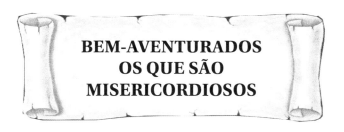

BEM-AVENTURADOS OS QUE SÃO MISERICORDIOSOS

Perdoem, para que Deus os perdoe

> Bem-aventurados os misericordiosos, porque conseguirão misericórdia. (Mateus, capítulo 5, versículo 7)
>
> Se vocês perdoarem aos homens as faltas que eles cometerem contra vocês, também o Pai celestial perdoará os seus pecados; mas, se vocês não perdoarem aos homens as ofensas que lhes tenham feito, o Pai celestial também não lhes perdoará os pecados. (Mateus, capítulo 6, versículos 14 e 15)
>
> Se seu irmão pecou contra você, vá fazer-lhe reconhecer a falta em particular, a sós com ele; se ele o atender, você terá conquistado o seu irmão. Então, aproximando-se Dele, disse-Lhe Pedro: "Senhor, quantas vezes devo perdoar a meu irmão, quando ele tiver pecado contra mim? Até sete vezes?". Respondeu-lhe Jesus: "Não lhe digo que perdoe até sete vezes, mas até setenta vezes sete vezes". (Mateus, capítulo 18, versículos 15, 21 e 22)

A misericórdia consiste no esquecimento e no perdão das ofensas. Essas atitudes são características de almas evoluídas, e

Jesus recomenda que a misericórdia não deve ter limites, quando diz para que se perdoe "setenta vezes sete vezes". Mas há dois modos de perdoar: o verdadeiro, generoso, delicado, que evita ferir o amor-próprio do adversário, e aquele que impõe condições para o perdão. Nesse último caso não há generosidade, mas apenas uma maneira de satisfazer o orgulho daquele que se diz ofendido. Aquele que age de maneira mais conciliadora e desinteressada possui mais grandeza de alma e conquistará sempre a simpatia das pessoas imparciais.

Reconciliação com os inimigos

> Reconciliem-se o mais rápido possível com seu inimigo, enquanto estão com ele a caminho, para que ele não os entregue ao juiz, o juiz não os entregue ao ministro da justiça e vocês não sejam colocados na prisão. Em verdade lhes digo que daí não poderão sair até que paguem o último centavo. (Mateus, capítulo 5, versículos 25 e 26)

A desencarnação não nos livra de nossos adversários. Espíritos vingativos perseguem, mesmo após a desencarnação, os que foram seus inimigos durante a vida. Muitas vezes o espírito mau espera seus adversários reencarnarem para mais facilmente atingi-los ou atormentá-los, provocando obsessões, subjugações ou possessões. Estes últimos são, quase sempre, vítimas de perseguição por vingança por algum ato infeliz que tenham praticado numa vida anterior.

Por isso, é importante que cada qual conserte, o quanto antes, os males que tenha causado ao próximo e que perdoe aos seus inimigos, evitando assim sofrimentos em alguma encarnação futura. Tendo sempre a certeza de que Deus e as leis da vida não permitem que alguém sofra sem motivo ou que alguém que tenha perdoado com sinceridade venha a ser vítima de agressões sem motivo.

O sacrifício mais agradável a Deus

> Se, portanto, quando vocês forem colocar sua oferenda no altar, vocês se lembrarem de que o seu irmão tem alguma coisa contra vocês, deixem sua oferta junto ao altar e vão, antes, reconciliar-se com ele; depois, então, tornem a oferecê-la. (Mateus, capítulo 5, versículos 23 e 24)

Antes de apresentar-se perante Deus, a pessoa deve primeiro perdoar seu adversário. Os judeus, na época em que viveu Jesus, tinham por hábito fazer oferendas, e Jesus aproveitou o fato usando-o como uma espécie de imagem para ser seguida pelo homem de bem. Em outras palavras, ao apresentar-se ao templo do Senhor, o fiel deve deixar de lado todo sentimento ruim, como ódio, animosidade ou agressividade contra o semelhante.

O cisco e o grão no olho

> Como é que vocês veem um cisco no olho do seu irmão, quando não percebem um grão no seu próprio olho? Ou, como é que vocês podem dizer ao seu irmão: "Deixe-me tirar um cisco do seu olho", se vocês têm um grão no seu próprio? Hipócritas, tirem primeiro o grão de seu próprio olho e depois então vejam como poderão tirar o cisco do olho do seu irmão. (Mateus, capítulo 7, versículos 3 a 5)

O orgulho é o principal obstáculo ao progresso do espírito, o centro de onde podem sair diversos outros defeitos humanos. É o orgulho, ainda, que faz com que as criaturas vejam o mal nas outras pessoas, não o vendo primeiro em si próprias. Esse comportamento é contraditório e se opõe à caridade. Por isso Jesus tantas vezes nos avisou que devemos combater o orgulho.

Não julguem, para que não sejam julgados. Que atire a primeira pedra aquele que estiver sem pecado

> Não julguem, para que não sejam julgados; porque vocês serão julgados como tiverem julgado os outros; será empregada com vocês a mesma medida que vocês tiverem usado para com os outros. (Mateus, capítulo 7, versículos 1 e 2)

> Então, os escribas e os fariseus Lhe trouxeram uma mulher que fora pega em adultério e, colocando-a de pé no meio do povo, disseram a Jesus: "Mestre, esta mulher acaba de ser pega em adultério, e a lei de Moisés manda que as adúlteras sejam apedrejadas. Qual a sua opinião sobre isso?". Eles diziam isto para O tentarem e para poderem acusá-Lo. Mas Jesus se abaixou e começou a escrever na terra com o dedo. Como continuassem a Lhe perguntar, Ele se levantou e disse: "Aquele dentre vocês que estiver sem pecado, que atire a primeira pedra". Em seguida, abaixando-se novamente, continuou a escrever no chão. E ao ouvirem-No falar desse modo, os que O interrogavam se retiraram, um após o outro, saindo primeiro os velhos. Então Jesus ficou sozinho com a mulher, que estava em pé no meio da praça. Então, levantando-se, perguntou-lhe Jesus: "Mulher, onde estão os que a acusavam? Ninguém a condenou?". Ela respondeu: "Não, Senhor". Disse-lhe Jesus: "Também eu não a condenarei. Vá e não volte a pecar". (João, capítulo 8, versículos 3 a 11)

Jesus, ao recomendar que atirasse a primeira pedra aquele que não tivesse pecado, nos recomendou a indulgência. Isso significa que não devemos ser mais rigorosos com os outros do que somos com nós mesmos. Reprovar o comportamento de um semelhante pode ter dois objetivos: um, elogiável, que é o de reprimir o mal; outro, não aceitável, que é desacreditar a pessoa cujos atos estamos criticando. A autoridade para chamar a atenção de alguém deve vir da autoridade moral por parte daquele que está censurando. E a única autoridade legítima se baseia no exemplo que a pessoa dá de praticar o bem.

Neste capítulo, os espíritos ensinam:

1. Que devemos perdoar não sete vezes, mas setenta vezes sete vezes (ou seja, que devemos perdoar sem limites, ser brandos e humildes de coração, tornando-nos, assim, invulneráveis a ataques e a injúrias).

2. Que esse conceito deve ser divulgado e cultivado pelos espíritas; que o perdão não deve acontecer apenas nas palavras, mas principalmente nos atos.

3. Que perdoar os inimigos é lhes dar prova de amizade.

4. Que, se fôssemos mais indulgentes e serenos, muitos acontecimentos que resultam em graves conflitos teriam sido facilmente esquecidos.

5. Que há o perdão com as palavras e o perdão do coração, e que o único que tem validade é o do coração, já que Deus não se satisfaz com aparências.

6. Que o esquecimento completo e absoluto das ofensas é uma característica dos grandes espíritos, e que se conhece o verdadeiro perdão pelos atos, mais do que pelas palavras.

7. Que a indulgência é um sentimento que não vê defeitos nos outros ou que evita falar deles; que a indulgência não se ocupa com os maus atos de outras pessoas e não as censura, apenas dá conselhos, e na maioria das vezes suavemente; que devemos ser severos para com nós mesmos e indulgentes para com o próximo.

8. Que Deus, em última instância, é quem julga a todos e vê os íntimos pensamentos de cada um.

9. Que devemos ser indulgentes, pois a indulgência atrai e acalma, enquanto que o rigor desanima, afasta e irrita.

10. Que, ao perdoarmos nossos semelhantes, não devemos apenas esquecer as ofensas, mas procurar levar a eles o amor, que tem ação purificadora.

11. Que devemos praticar a caridade, cujo caráter é a modéstia e a humildade.

12. Que, ao repreendermos os outros, devemos fazê-lo com moderação, com uma finalidade nobre, e nunca para humilhar; que, se a repreensão tem finalidade nobre, é desejável, pois constitui um bem e é um dever que a caridade recomenda; mas que, ao censurarmos alguém, devemos antes pensar se também não merecemos censura.

13. Que é errado censurar alguém humilhando essa pessoa diante dos outros; mas que, se temos o cuidado de preservar o próximo, não tornando a censura pública, a advertência é proveitosa para ele, que dela necessita para o seu aperfeiçoamento.

14. Que, se as imperfeições de uma pessoa estão prejudicando só a ela mesma, não há utilidade em divulgá-las; mas que, se podem prejudicar a terceiros, desmascarar uma mentira pode constituir um dever.

CAPÍTULO 11

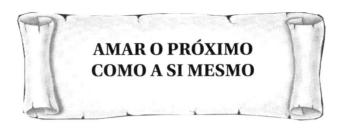

AMAR O PRÓXIMO COMO A SI MESMO

Os fariseus, ao saberem que Ele tapara a boca dos saduceus, reuniram-se. E um deles, que era doutor da lei, para tentá-Lo, perguntou-Lhe o seguinte: "Mestre, qual o maior mandamento da lei?". Jesus respondeu: "Amarás o Senhor teu Deus com todo o teu coração, com toda a tua alma e com todo o teu espírito; este é o maior e o primeiro mandamento. E aqui tendes o segundo, parecido com esse: amarás o teu próximo como a ti mesmo. Toda a lei e os profetas se acham contidos nesses dois mandamentos". (Mateus, capítulo 22, versículos 34 a 40)

Façam aos outros tudo o que querem que eles lhes façam, pois é nisto que consistem a lei e os profetas. (Mateus, capítulo 7, versículo 12)

Tratem a todos os homens como quereriam que eles lhes tratassem. (Lucas, capítulo 6, versículo 31)

O reino dos céus é como um rei que quis que seus servos lhe prestassem contas. Ao começar a fazer isso, soube de um que lhe devia dez mil dinheiros. Mas, como esse servo não tinha como pagar a dívida, seu senhor mandou que o vendessem a ele, sua mulher, seus filhos e tudo o que lhe pertencesse, para pagamento do que lhe devia. O servo jogou-se a seus pés e implorou: "Senhor, tenha um pouco de paciência e eu lhe pagarei tudo". Então o rei, tocado de compaixão, deixou-o ir e perdoou-

-lhe a dívida. Esse servo, porém, ao sair, encontrou um de seus companheiros, que lhe devia cem dinheiros, o segurou pelo pescoço e, quase a estrangulá-lo, disse: "Pague o que me deve". O companheiro, jogando-se aos seus pés, implorava: "Tenha um pouco de paciência e eu pagarei tudo". Mas o outro não quis escutá-lo. Saiu e mandou prendê-lo até que ele pagasse o que lhe devia. Os outros servos, seus companheiros, vendo o que acontecia, ficaram muito aflitos e informaram o rei de tudo. Então o rei, tendo mandado chamar aquele servo, lhe disse: "Meu servo, eu havia perdoado tudo o que você me devia, porque você havia me pedido. Não acha que era seu dever também ter piedade do seu companheiro, como eu tive de você?". E o rei, cheio de cólera, o entregou aos policiais, para que o prendessem até que ele pagasse tudo o que devia. É assim que meu Pai, que está no céu, tratará vocês, se não perdoarem, do fundo do coração, as faltas que seus irmãos tiverem cometido contra cada um de vocês. (Mateus, capítulo 18, versículos 23 a 35)

Amar o próximo como a nós mesmos e fazer aos outros o que gostaríamos que os outros nos fizessem são a expressão mais completa de caridade e uma prática que tende a eliminar o egoísmo. Quando os homens e as instituições adotarem de verdade esses princípios, haverá entre nós a verdadeira fraternidade e reinarão a paz e a justiça.

Deem a César o que é de César

Os fariseus, tendo saído, combinaram entre si para confundi-Lo com as Suas próprias palavras. Mandaram então seus discípulos dizer-Lhe: "Mestre, sabemos que ensinas o caminho de Deus pela verdade, sem levares ninguém em conta, porque, nos homens, não consideras as pessoas. Dize-nos, pois, qual a tua opinião sobre o seguinte: É permitido a nós pagarmos ou deixarmos de pagar o imposto a César?". Jesus, porém, que sabia de sua malícia, respondeu: "Hipócritas, por que me tentam? Mostrem-me uma das moedas que servem para o pagamento do imposto". E tendo eles Lhe mostrado uma moeda, perguntou Jesus: "De quem são esta imagem e esta inscrição?". "De César", responderam eles. Então, disse-lhes Jesus: "Deem, pois, a César o que é de César e a Deus o que é de Deus". Ouvindo-O falar desse jeito, admiraram-se eles da Sua resposta e, deixando-O, se retiraram. (Mateus, capítulo 22, versículos 15 a 22; Marcos, capítulo 12, versículos 13 a 17)

Os judeus eram contra o imposto cobrado pelos romanos e isso tinha se transformado numa questão religiosa. Com a pergunta, eles tentavam fazer Jesus cair numa armadilha, conforme a resposta que fosse dada (se ele se colocasse contra o imposto, estaria se colocando também contra o imperador). Jesus, porém, adivinhando a malícia, contornou a dificuldade com sua resposta. Dizendo "deem a César o que é de César", Jesus quis ensinar que devemos dar a cada um aquilo que lhe é devido.

Neste capítulo, os espíritos ensinam:

1. Que o amor resume a doutrina de Jesus por inteiro.

2. Que em sua origem o homem só possui instintos, ao avançar tem sensações e, finalmente, ao se apresentar mais evoluído, exibe sentimentos.

3. Que o principal dos sentimentos é o amor, sentimento nobre que acaba com as misérias sociais.

4. Que a reencarnação proporciona a vitória sobre a morte.

5. Que o homem precisa vencer seus instintos, para consolidar sentimentos, aperfeiçoando-os e superando a matéria; que os instintos são os embriões dos sentimentos e que os seres menos adiantados são os que ainda se encontram presos aos instintos.

6. Que o espírito precisa ser cultivado, sendo que a riqueza futura depende do esforço atual.

7. Que os seres precisam compreender e praticar a lei de amor; que Deus colocou o amor em todos os homens, e que esse amor cresce junto com a moralidade e a inteligência que o homem desenvolve.

8. Que o amor acaba sendo a fonte que gera afeições sinceras e duráveis, colaborando para que os seres enfrentem as situações difíceis da vida.

9. Que a lei de amor determina que os seres vençam o egoísmo individual, o de família, de casta e de nacionalidade; que não devem existir limites ou fronteiras para o amor, já que ele deve envolver a humanidade inteira.

10. Que a lei do amor vai trazer o melhoramento moral de todos nós e a felicidade durante a vida terrestre; que, se nos amarmos, em breve a Terra estará transformada.

11. Que o egoísmo impede que aconteça o progresso moral na Terra, e que o espiritismo surgiu com a tarefa de eliminar o egoísmo terrestre (o maior empecilho à felicidade dos homens).

12. Que cabe a todos os espíritas o esforço de eliminar o egoísmo da Terra, para que ela possa subir na escala dos mundos, mas que antes é necessário que todos o eliminem dos seus próprios corações.

13. Que o egoísmo é a negação da caridade e que sem a caridade não haverá descanso e nem mesmo segurança para a sociedade humana.

14. Que Deus nos criou para a felicidade na eternidade, mas que o homem da Terra poderá ser feliz desde que procure a felicidade no bem, e não nos prazeres materiais.

15. Que a caridade é feita pelo perdão aos criminosos, desde que estes se arrependam, da mesma forma que deveremos nos arrepender de nossas faltas.

16. Que a verdadeira caridade não é apenas a esmola ou palavras de consolo, mas a benevolência para com as coisas do próximo.

17. Que estão próximos os tempos em que reinará a fraternidade entre os habitantes da Terra.

18. Que em breve os espíritos revoltados e menos evoluídos irão para mundos inferiores, de acordo com suas tendências.

CAPÍTULO 12

AMEM OS SEUS INIMIGOS

Retribuir o mal com o bem

Vocês aprenderam que foi dito: "Amarás o teu próximo e odiarás os teus inimigos". Mas eu lhes digo: "Amem os seus inimigos; façam o bem aos que os odeiam e rezem pelos que os perseguem e caluniam, a fim de serem filhos do seu Pai que está nos céus e que faz que o sol nasça para os bons e para os maus e que chova sobre os justos e os injustos. Porque, se vocês só amarem os que os amam, qual será a sua recompensa? Não se comportam assim também os publicanos? Se vocês saudarem somente os seus irmãos, o que é que estarão fazendo mais do que os outros? Não fazem outro tanto os pagãos?" (Mateus, capítulo 5, versículos 43 a 47)

Digo-lhes que, se a nossa justiça não for mais abundante que a dos escribas e dos fariseus, vocês não entrarão no reino dos céus. (Mateus, capítulo 5, versículo 20)

Se vocês somente amarem os que os amam, que mérito vocês terão, se as pessoas de má vida também amam os que as amam? Se vocês fizerem o bem apenas aos que lhe fazem o bem, que mérito vocês terão, já que a gente de má vida faz a mesma coisa? Se vocês só emprestarem àqueles de quem vocês também possam esperar um empréstimo, que mérito vocês terão, quando as pessoas de má vida se ajudam umas às outras desse modo, para conseguir a mesma vantagem? Pela parte que lhes toca, amem os seus inimigos, façam bem a todos e ajudem sem esperar coisa alguma. Então, bem grande será a sua recompensa e vocês serão filhos do Altíssimo, que é bom para os ingratos e até para os maus. Sejam, portanto, cheios de misericórdia, como cheio de misericórdia é o seu Deus. (Lucas, capítulo 6, versículos 32 a 36)

O amor ao próximo constitui princípio de caridade e o amor ao inimigo representa uma das maiores vitórias sobre nosso orgulho e egoísmo. Mas Jesus não pretendeu que o termo 'amar' os inimigos significasse o mesmo sentimento que se tem para com um irmão ou um amigo. Afinal, esse sentimento é baseado em confiança, e não é razoável que se tenha confiança em quem já mostrou que não nos quer bem. Ninguém pode ter o mesmo sentimento por um grande amigo e por um grande adversário. E há uma explicação física para isso: o pensamento ruim impressiona negativamente, provocando sensações desagradáveis; o pensamento bom gera uma sensação agradável. É natural, portanto, que haja diferença nas sensações que temos diante de um amigo ou de um inimigo.

Amar os inimigos significa amá-los de forma diferente da que se ama os amigos. A palavra é a mesma (amor), mas há uma diferença nos dois casos. Amar os inimigos, portanto, não é ter por eles a mesma afeição que se tem por um amigo, o que seria naturalmente impossível, mas sim não cultivar por eles sentimentos ruins, como ódio, rancor ou desejo de vingança. É perdoá-los sem condições, aceitar uma futura possibilidade de reconciliação com eles, desejar-lhes o bem, alegrar-se com as coisas boas que aconteçam com eles, socorrê-los quando precisem. É não prejudicá-los, seja por palavras ou atos, é não humilhá-los em qualquer ocasião. Agindo assim estaremos amando os inimigos.

Para o espírita, que raciocina levando em conta o passado e o futuro, amar os inimigos é um ato de sabedoria. O espírita agradece a Deus as provas e contatos com adversários que lhe dão oportunidade de aprender a ter paciência e resignação. O homem verdadeiramente superior não se sente ofendido com insultos de criaturas ainda inferiores. A alma nobre e generosa é superior.

Os inimigos desencarnados

E o espírita tem outros motivos para aprender a amar seus inimigos. Ele sabe que a morte apenas nos livra do corpo físico e da presença de um adversário, mas que ele pode continuar a nos desejar mal após a desencarnação. Uma ação vingativa de nossa parte apenas pode promover irritação e reação maior do adversário, uma vez que a vida continua. A vingança gera apenas mais vingança, e isso muitas vezes é o castigo daquele que não soube perdoar.

Existem, então, adversários encarnados e desencarnados. Os adversários desencarnados nos assediam, quando merecemos, por meio de obsessões e subjugações que, no fim das contas, nos ajudam no nosso adiantamento. Assim como na Terra há homens maus, também há espíritos maus desencarnados no círculo terreno. E a melhor maneira de melhorá-los é pelo exercício da caridade, que não só os inibe no cultivo do mal, como lhes mostra o caminho do bem.

Se alguém bater em sua face direita, ofereça-lhe também a esquerda

> Vocês aprenderam que foi dito: olho por olho e dente por dente. Eu, porém, lhes digo para não resistirem ao mal que lhes queiram fazer; que, se alguém bater em sua face direita, lhe ofereçam também a esquerda; e que, se alguém quiser tentar lhes tomar a túnica, também devem lhe entregar o manto; e que, se alguém obrigá-los a caminhar mil passos com ele, vocês devem caminhar mais dois mil. Que vocês deem àquele que lhes pedir e que não neguem a quem queira lhes tomar emprestado. (Mateus, capítulo 5, versículos 38 a 42)

Na época de Moisés, o "olho por olho, dente por dente" era considerado um pensamento justo. E o ensinamento do Cristo, para o homem orgulhoso, pode parecer uma covardia, pois ele não consegue entender que há mais coragem em aguentar uma ofensa do que em desencadear uma vingança (mesmo porque sua visão não vai além do momento presente).

É claro que as palavras de Jesus não podem ser levadas ao pé da letra, pois isso seria o mesmo que condenar toda reação ao mal, deixando o campo livre para a ação dos homens maus. Disse Jesus, com suas palavras, que a vingança era condenável, porém não procurou inibir a justa defesa do indivíduo ofendido.

Isso significa que é melhor ser ofendido do que ofender, melhor suportar com paciência uma injustiça do que praticar uma, melhor ser enganado do que enganar. A fé na vida futura e na justiça de Deus, que nada deixa impune, deve dar ao homem as necessárias forças para aguentar adversidades com paciência e resignação.

Neste capítulo, os espíritos ensinam:

1. Que a vingança é um dos hábitos mais selvagens da humanidade.

2. Que devemos cultivar o lema "sem caridade não há salvação" e nunca praticarmos a vingança.

3. Que nós, os espíritas, devemos procurar amar os que nos causam indiferença, ódio e desprezo, pois assim nos aproximaremos de Deus.

4. Que não devemos nos desviar do caminho traçado por causa do aparecimento de provações, de provocações e dos altos e baixos da vida terrestre. Que não devemos revidar as agressões que sofremos.

5. Que o reino de Deus só será implantado na Terra quando aqui não houver mais animosidade, discórdia ou guerras.

6. Que os espíritas, sendo esclarecidos intelectual e moralmente, não devem revidar as ofensas recebidas.

7. Que, quando a caridade for comum entre os homens, obedecendo à máxima que diz que não devemos fazer aos outros o que não queremos que façam conosco, desaparecerão as causas de atritos e as guerras.

Neste capítulo, Kardec ensina:

1. Que atualmente a morte de um homem é um acontecimento que causa comoção, o que não acontecia em épocas mais primitivas.

2. Que o espiritismo contribui muito para essa evolução dos costumes, ao espalhar entre os homens o espírito de caridade e de fraternidade.

CAPÍTULO 13

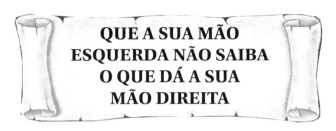

QUE A SUA MÃO ESQUERDA NÃO SAIBA O QUE DÁ A SUA MÃO DIREITA

Fazer o bem sem ostentação

> Tenham cuidado em não praticar as boas obras diante dos outros, para serem vistas, pois do contrário vocês não receberão recompensa de seu Pai que está nos céus. Assim, quando vocês derem uma esmola, não anunciem para todos, como fazem os hipócritas nas sinagogas e nas ruas, para serem louvados pelos homens. Em verdade lhes digo que eles já receberam a recompensa. Quando vocês derem uma esmola, que a sua mão esquerda não saiba o que faz a sua mão direita; a fim de que a esmola fique em segredo, e seu Pai, que vê o que se passa em segredo, lhes recompensará. (Mateus, capítulo 6, versículos 1 a 4)

> Tendo Jesus descido do monte, uma grande multidão foi atrás dele. Ao mesmo tempo, um leproso veio ao seu encontro e o adorou, dizendo: "Senhor, se quiseres, poderás curar-me". Jesus, estendendo a mão, o tocou e disse: "Quero-o, fica curado". No mesmo instante a lepra desapareceu. Disse-lhe então Jesus: "Não contes isso a quem quer que seja; mas vai mostrar-te aos sacerdotes e oferece o dom prescrito por Moisés, a fim de que lhes sirva de prova". (Mateus, capítulo 8, versículo 1 a 4)

Quem, ao fazer o bem, faz questão de que todo mundo saiba, só mostra que dá mais valor à vida presente do que à vida futura. Essa pessoa também dá menos valor a Deus, pois, se fizesse o bem de forma oculta, teria o reconhecimento Dele (que é o que importa, segundo nos ensinam os espíritos).

A modéstia que devemos ter ao praticar o bem é bem definida pela frase "não saber a mão esquerda o que dá a mão direita". O bem praticado silenciosamente representa caridade moral e caridade material, pois não exige agradecimentos públicos por parte da pessoa beneficiada, mantendo sua dignidade. A verdadeira caridade é sutil e não humilha a quem a recebe.

Infortúnios ocultos

Muitas ações de caridade só acontecem quando ocorrem grandes calamidades ou desastres de grandes proporções, que comovem a opinião pública. Mas há milhares de calamidades pessoais que passam sem serem percebidas, muitas vezes porque as vítimas sofrem sem se queixarem. São infelicidades ocultas, suportadas de maneira discreta e que não possuem um apelo público, mas que devem ser igualmente atendidas.

O donativo da viúva

> Estando Jesus sentado em frente ao gazofilácio,[2] a observar o povo jogando ali o dinheiro, viu que muitas pessoas ricas lançavam moedas em abundância. Nisso, chegou também uma pobre viúva que jogou somente duas pequenas moedas no valor de dez centavos cada uma. Chamando então seus discípulos, disse-lhes: "Em verdade lhes digo que esta pobre viúva deu muito mais do que todos os que antes colocaram suas ofertas no gazofilácio. Isso porque todos os outros deram do que têm muito, enquanto ela deu do que lhe falta, deu mesmo tudo o que tinha para seu sustento". (Marcos, capítulo 12, versículos 41 a 44. Lucas, capítulo 21, versículos 1 a 4)

---

[2] Gazofilácio era um dispositivo inventado pelos judeus onde se lançavam moedas como esmola. Quanto maior a quantidade de moedas (tendo, portanto, maior peso) lançada no gazofilácio, maior barulho ele fazia, demonstrando às pessoas em volta o quanto estava sendo ofertado.

Muitos alegam não poder fazer todo o bem que desejariam por não terem dinheiro ou recursos suficientes para isso. Dizem que gostariam de ser ricos para aplicar sua riqueza em ações de caridade. Esses desejos, entretanto, muitas vezes não são tão desinteressados assim. Na verdade, no fundo, muita gente quer ganhar mais para aproveitar dessa riqueza pessoalmente antes de direcionar recursos para fins caritativos. Essa não é, contudo, a verdadeira caridade, pois a verdadeira caridade só existe quando o homem pensa nos outros antes de pensar em si mesmo.

Cada um deve fazer a caridade com os recursos que possui e que conquista através do seu próprio esforço e do trabalho, mesmo que pareça pouco. E não é só com dinheiro que se pode exercer a caridade, mas também com trabalho voluntário, doação de tempo, diminuição de horas de repouso em benefício dos semelhantes e diversas outras formas.

Convidar os pobres e os estropiados. Dar sem esperar retribuição

> Disse também àquele que O convidara: "Quando você der um jantar ou uma ceia, não convide os seus amigos, nem os seus irmãos, nem os seus parentes, nem os seus vizinhos que forem ricos, para que depois não o convidem por sua vez e assim retribuam o que receberam de você. Quando você der uma festa, convide para ela os pobres, os estropiados, os coxos e os cegos. E você será feliz por eles não terem como lhe retribuir, pois isso será retribuído na ressurreição dos justos". Um dos que estavam à mesa, ouvindo essas palavras, disse-Lhe: "Feliz daquele que comer do pão do reino de Deus!". (Lucas, capítulo 14, versículos 12 a 15)

Jesus falava usando linguagem figurada e tinha que exemplificar com imagens fortes para produzir efeito nas pessoas de sua época. É claro que não seria lógico Jesus aconselhar seus discípulos a deixarem amigos e parentes de fora de um banquete, convidando para ele somente os mendigos. Na verdade, o significado da mensagem de Jesus era aconselhar a que se fizesse o bem pelo prazer de fazê-lo, e não buscando uma retribuição. Por isso o conselho para convidar os pobres, uma vez que eles não poderiam mesmo retribuir.

Sabemos que muitos só convidam para suas festas aqueles em quem têm interesse e que podem retribuir. E se esquecem, muitas vezes, até mesmo de parentes menos afortunados, que podem ser alvo de caridade de forma discreta e desinteressada.

Neste capítulo, os espíritos ensinam:

1. Que se todos seguissem as máximas de "fazer aos outros o que quereríamos que nos fizessem e de nos amarmos uns aos outros", todos no mundo seriam felizes, não haveria pobreza e os pobres teriam o alimento que sobra da mesa de muitos ricos.

2. Que não devemos tratar mal a nenhum infeliz, pois poderemos estar assim tratando um irmão, pai ou mesmo amigo de outras vidas, o que nos trará muita aflição quando reconhecermos essa pessoa no mundo espiritual.

3. Que devemos também praticar a caridade moral, que não custa materialmente nada a quem pratica, mas que é a mais difícil de ser exercida. E que caridade moral significa nos suportarmos uns aos outros.

4. Que há diversas maneiras de se fazer a caridade como, por exemplo, por pensamentos, por palavras e por ações. Que orando por necessitados, dando conselhos aos que precisam e agindo em benefício de carentes, a caridade está sendo feita.

5. Que devemos procurar no exercício da caridade a paz do coração e o contentamento do espírito, um verdadeiro remédio para as aflições que sentimos.

6. Que existe um grande volume de bem a fazer que nos espera e que poderá nos trazer muitas alegrias quando estivermos desencarnados, no plano espiritual.

7. Que devemos amar-nos uns aos outros e abandonar o egoísmo, pois assim também teremos grandes alegrias.

8. Que não devemos desprezar os ensinamentos de Jesus, e que nossos males vêm de nossa recusa em seguir esses ensinamentos.

9. Que a caridade é a virtude mais importante.

10. Que não devemos confundir caridade com esmola. Que a esmola é útil, porém humilhante para ambos, para o que dá e para o que recebe.

11. Que os espíritas podem ser caridosos com os que não pensam de maneira igual, convidando-os para as reuniões sem os chocar ou sem impor convicções, sempre de forma amigável.

12. Que a piedade é a virtude que mais nos aproxima do mundo espiritual, que doma em todos nós o egoísmo e o orgulho e nos predispõe à beneficência, ao amor ao próximo e à caridade.

13. Que devemos sempre ajudar os fracos, embora não haja certeza do agradecimento.

14. Que Deus permite que a ingratidão exista como resposta a uma boa ação para experimentar nossa capacidade de continuarmos, assim mesmo, a praticar o bem.

15. Que o espírito ingrato, ao desencarnar, entenderá o erro de seu comportamento e desejará consertar isso, nem que seja em outra existência. E que, dessa forma, quem fez a caridade terá contribuído para o adiantamento moral do ingrato e para o próprio, pois mesmo sem recompensa terá feito boas ações.

16. Que a caridade praticada exclusivamente entre pessoas da mesma opinião, da mesma crença, ou do mesmo partido não tem o mesmo valor. Que o espírito de seita, partido ou qualquer tipo de divisão entre os homens é que precisa ser extinto, pois o cristão verdadeiro vê em todos os homens seus irmãos, independentemente de crença, opinião ou seja lá o que for.

17. Que, tendo Jesus recomendado que amássemos os nossos inimigos, pior ainda seria caso não beneficiássemos com a caridade uma pessoa que pensa diferentemente de nós ou que professe uma crença distinta da nossa.

CAPÍTULO 14

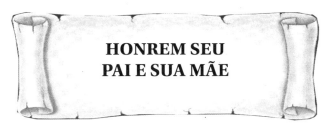

HONREM SEU PAI E SUA MÃE

Vocês sabem os mandamentos: não cometam adultério; não matem; não roubem; não prestem falso testemunho; não ofendam ninguém; honrem seu pai e sua mãe. (Marcos, capítulo 10, versículo 19; Lucas, capítulo 17, versículo 20; Mateus capítulo 19, versículos 18 e 19)

Honrem seu pai e sua mãe, para que vocês vivam longo tempo na terra que o Senhor seu Deus lhes dará. (Êxodo, capítulo 20, versículo 12)

Deveres filiais

Esse mandamento que fala dos deveres dos filhos para com os pais é consequência direta da lei geral de caridade e amor ao próximo, mas significa mais: junto com o amor aos pais devem vir também o respeito, as atenções, a obediência e o esforço por agradá-los. Ou seja, em relação aos pais (ou àqueles que exercem esse papel) deve-se cumprir, de forma ainda mais rigorosa, o que a lei de caridade determina em relação ao nosso próximo de modo geral. Devemos assistir nossos pais em suas necessidades, dar-lhes repouso na velhice, ter com eles os cuidados que eles têm conosco quando somos crianças.

E quem não tiver essa gratidão para com seus pais também sofrerá ingratidão e abandono, nesta ou em próximas vidas, mesmo no caso de ter pais descuidados – pois é somente a Deus que cabe punir, e a lei da caridade nos diz que devemos sempre pagar o mal com o bem e tolerar os defeitos dos outros. Todo comportamento errado em relação a nosso próximo é mais errado ainda quando é dirigido aos nossos pais, porque, neste caso, além de falta de caridade, erramos também por falta de gratidão.

Quem é minha mãe e quem são meus irmãos?

> E, tendo vindo para casa, reuniu-se aí tão grande multidão de gente, que eles nem sequer podiam fazer sua refeição. Sabendo disso, vieram Seus parentes para reivindicar Sua presença, pois diziam que perdera o espírito.
>
> Entretanto, tendo vindo Sua mãe e Seus irmãos e ficando eles do lado de fora, mandaram chamá-Lo. Ora, o povo tinha se sentado em torno dele e Lhe dito: "Tua mãe e teus irmãos estão lá fora e te chamam". Ele lhes respondeu: "Quem é minha mãe e quem são meus irmãos?" E, passando o olhar pelos que estavam sentados ao seu redor, disse: "Eis aqui minha mãe e meus irmãos; pois todo aquele que faz a vontade de Deus, esse é meu irmão, minha irmã e minha mãe". (Marcos, capítulo 3, versículos 20, 21 e 31 a 35. Mateus, capítulo 12, versículos 46 a 50)

A família corporal e a família espiritual

O parentesco terrestre, ou de sangue, não estabelece necessariamente os laços espirituais. É claro que Jesus jamais renegaria sua mãe ou seus irmãos; o que Ele quis nos explicar nessa passagem do Evangelho é que não são os pais que criam o espírito de seus filhos; eles apenas geram o corpo deles. E têm como obrigação ajudar esses filhos a desenvolver a inteligência e o caráter, contribuindo para sua evolução.

Os que encarnam numa mesma família (principalmente no caso de parentes próximos) são, na maioria das vezes, espíritos ligados por laços de afeto que vêm de encarnações anteriores. Mas também pode acontecer que sejam completos estranhos, ou, ainda, pessoas que não se gostavam em outras vidas, que continuam não se gostando, e que encarnam assim tão próximas como uma provação. Ou seja, os verdadeiros laços de família não são os laços de sangue, mas sim os da simpatia entre os espíritos, que os aproximam *antes*, *durante* e *depois* das suas encarnações. O que explica por que duas pessoas filhas de pais e mães diferentes podem se entender melhor e se gostar mais do que dois irmãos de sangue, por exemplo.

Existem, então, dois tipos de famílias: as que são ligadas pelos laços corporais (família terrestre) e as que se ligam pelos laços espirituais. As primeiras têm ligações frágeis, que podem se romper facilmente; já as segundas são ligadas de forma mais forte e permanente, que vai além da vida corpórea. E foi isso que Jesus quis dizer quando falou "eis aqui minha mãe e meus irmãos". Ele desejou mostrar que a família espiritual é a que realmente conta, já que permanece além da morte e se baseia na simpatia e na atração entre os espíritos.

Neste capítulo, os espíritos ensinam:

1. Que a ingratidão vem do egoísmo e é sempre ruim, mas que a ingratidão dos filhos para com os pais é ainda pior e mais condenável.

2. Que a senha para se chegar a Deus é uma só: a caridade. E que não há caridade sem perdão.

3. Que muitos espíritos pedem para encarnar junto das pessoas que lhes fizeram mal em outras encarnações para se submeterem a uma prova, com o objetivo de se melhorar.

4. Que vai depender desses espíritos vencerem a prova, sendo amigos daqueles que um dia odiaram, ou falharem, continuando a ser seus inimigos.

5. Que os espíritas devem entender que a alma de seus filhos vem do espaço para progredir e que é seu dever educá-los para o caminho do bem e aproximá-los de Deus.

6. Que os pais devem esforçar-se por acolher e compreender até mesmo o filho que lhes dá desgostos, pois esse filho pode ser um inimigo do passado que está ali para que eles se entendam.

7. Que é dever dos pais ensinar aos filhos que eles estão na Terra para se aperfeiçoar, devendo orientá-los para o amor ao próximo e para a prática do bem.

8. Que os pais devem lutar para que o orgulho e o egoísmo não se desenvolvam em seus filhos, pois do contrário poderão colher ingratidão. Mas que os pais que tiverem feito tudo ao seu alcance, e mesmo assim não conseguirem corrigir o caráter dos filhos, não têm culpa e podem ter a consciência tranquila, com a certeza de que um dia isso mudará.

9. Que Deus não dá provas piores do que as pessoas que as pedem são capazes de suportar. Que, se elas falharem nessas provas, será simplesmente por falta de vontade e não por falta de capacidade.

10. Que Deus sempre permite o arrependimento, e que devemos agradecer a Ele pelas provas que nos permitem progredir.

11. Que as provas mais duras são as que afetam o coração, mas que não há desesperos eternos e Deus não permite que ninguém sofra para sempre.

12. Que depende de nós acabarmos com nosso próprio sofrimento, através do esforço da evolução. Mas que, para isso, temos que enxergar além da encarnação presente e ter paciência, com a certeza de que tudo se resolverá.

13. Que, se soubermos enxergar além desta encarnação, entenderemos os verdadeiros laços que unem os espíritos e saberemos que esses laços se tornam cada vez mais fortes com a reencarnação, ao invés de se romperem.

14. Que as semelhanças morais entre os espíritos são o verdadeiro traço de união entre eles. E que esses espíritos unidos pela afeição sempre se buscam e se agrupam, formando famílias espirituais que muitas vezes encarnam juntas.

15. Que, mesmo quando acontece desses espíritos amigos ficarem separados em alguma encarnação, eles sempre tornam a se encontrar depois.

16. Que espíritos menos adiantados podem encarnar em meio a essas famílias espirituais para receberem conselhos e bons exemplos. E que as perturbações que muitas vezes causam servem de prova e tarefa para os mais adiantados dessas 'famílias'.

CAPÍTULO 15

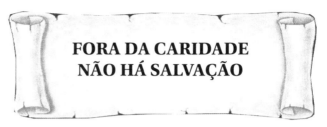

**FORA DA CARIDADE
NÃO HÁ SALVAÇÃO**

Do que necessita o espírito para ser salvo. Parábola do bom samaritano

Ora, quando o filho do homem vier em sua majestade, acompanhado de todos os anjos, sentar-se-á no trono de sua glória; reunidas diante Dele todas as nações, separará uns dos outros, como o pastor separa as ovelhas dos bodes, e colocará as ovelhas à sua direita e os bodes à sua esquerda.

Então, o Rei dirá aos que estiverem à sua direita: "Venham, benditos de meu Pai, tomem posse do reino que lhes foi preparado desde o início do mundo; porque tive fome e vocês me deram de comer; tive sede e me deram de beber; precisei de teto e vocês me hospedaram; estive nu e me vestiram; estava doente e vocês me visitaram; estive preso e foram me ver".

Então, os justos responderão: "Senhor, quando foi que te vimos com fome e te demos de comer, ou com sede e te demos de beber? Quando foi que te vimos sem teto e te hospedamos; ou despido e te vestimos? E quando foi que te soubemos doente ou preso e fomos visitar-te?". O Rei lhes responderá: "Em verdade lhes digo, todas as vezes que fizeram isso a um destes mais pequeninos dos meus irmãos, foi a mim mesmo que o fizeram".

Dirá a seguir aos que estiverem à sua esquerda: "Afastem-se de mim, malditos; vão para o fogo eterno, que foi preparado para o diabo e seus anjos;[3] porque tive fome e vocês não me deram de comer, tive sede e não me deram de beber; precisei de teto e não me acolheram; estive sem roupa e não me vestiram; estive doente e na prisão e não me visitaram".

Também eles perguntarão: "Senhor, quando foi que te vimos com fome e não te demos de comer, com sede e não te demos de beber, sem teto ou sem roupa, doente ou preso e não te assistimos?". Ele então lhes responderá: "Em verdade lhes digo: todas as vezes que vocês faltaram com a assistência a um destes mais pequenos, deixaram de assistir a mim mesmo".

E esses irão para o suplício eterno, e os justos para a vida eterna. (Mateus, capítulo 25, versículos 31 a 46)

Então, levantando-se, disse-Lhe um doutor da lei, para tentá-Lo: "Mestre, que preciso fazer para ter a vida eterna?". Respondeu-lhe Jesus: "O que está escrito na lei? O que você lê nela?". Ele respondeu: "Amarás o Senhor teu Deus com todo o coração, com toda a tua alma, com todas as tuas forças e com todo o teu espírito, e a teu próximo como a ti mesmo". Disse-lhe Jesus: "Você respondeu muito bem; faça isso e viverá".

Mas o homem, querendo parecer que era um justo, diz a Jesus: "Quem é o meu próximo?". Jesus, tomando a palavra, lhe diz: "Um homem, que descia de Jerusalém para Jericó, caiu nas mãos de ladrões, que o saquearam, o feriram e foram embora, deixando-o semimorto. Aconteceu depois que um sacerdote, passando pelo mesmo caminho, o viu e passou adiante. Um levita, que também veio àquele lugar, tendo-o observado, também passou adiante. Mas um samaritano que viajava, chegando ao lugar onde estava deitado aquele homem e tendo-o visto, foi tocado de compaixão. Aproximou-se dele, passou óleo e vinho nas suas feridas e as cobriu; em seguida, colocou-o no seu cavalo, levando-o a uma hospedaria, onde cuidou dele. No dia seguinte tirou duas moedas e as deu ao hospedeiro, dizendo:

---

[3] A tradução literal do original grego desta passagem diz, ao invés de "diabo e seus anjos", "o caluniador e aqueles que divulgam suas calúnias". Podemos entender por 'caluniador' qualquer pessoa que divulgue mensagens contrárias à trazida pelo Cristo. A Igreja Católica se utilizou de passagens como esta para criar um mundo dividido entre o Céu, onde os santos se juntariam aos anjos, e o Inferno, liderado pelo Diabo e seus auxiliares.

'Trata muito bem deste homem, que tudo o que gastares a mais eu te pagarei quando voltar'. Qual desses três te parece ter sido o próximo daquele que caíra em poder dos ladrões?". O doutor respondeu: "Aquele que usou de misericórdia para com ele". "Então vá", diz Jesus, "e faça o mesmo".
(Lucas, capítulo 10, versículos 25 a 37)

A caridade e a humildade (que são o contrário do egoísmo e do orgulho) foram as qualidades morais mais ensinadas por Jesus, e que segundo Ele levam à eterna felicidade. É só lembrar o que Ele disse: que o reino dos céus é dos humildes; que os pacíficos, os misericordiosos e os puros de coração são bem-aventurados; que devemos amar o próximo como a nós mesmos e também aos nossos inimigos; que devemos perdoar as ofensas e fazer aos outros o que gostaríamos que nos fizessem; que devemos praticar o bem sem ostentação e julgar a nós mesmos antes de julgarmos os outros.

Na passagem de Mateus, podemos entender claramente que ao bom é reservada a felicidade, enquanto que o mau está destinado a ser infeliz. E para separar um do outro (o bom do mau) Jesus se baseia numa coisa apenas: a prática da caridade. Ele não pergunta qual a fé de cada um, e não separa ninguém por religião: a única coisa que difere uns dos outros é a caridade, considerada condição única para a salvação. E, sendo a caridade a negação total do orgulho e do egoísmo, ela engloba todas as outras qualidades: a humildade, a brandura, a benevolência, a justiça e a indulgência, entre outras.

O mandamento maior

Mas os fariseus, tendo sabido que Ele tapara a boca aos saduceus, se reuniram; e um deles, que era doutor da lei, foi propor-Lhe esta questão, para tentá-Lo: "Mestre, qual o grande mandamento da lei?". Jesus lhe respondeu: "Amarás o Senhor teu Deus de todo o teu coração, de toda a tua alma, de todo o teu espírito. Esse o maior e o primeiro mandamento. E aqui está o segundo, que é semelhante ao primeiro: Amarás o teu próximo como a ti mesmo. Toda a lei e os profetas se acham contidos nestes dois mandamentos". (Mateus, capítulo 22, versículos 34 a 40)

Jesus deixou bem claro que não é possível amar a Deus sem amar o próximo, nem amar o próximo sem amar a Deus. Por isso mesmo, tudo o que fizermos ao nosso próximo é como se estivéssemos fazendo a Deus. Do mesmo jeito, é impossível amarmos a Deus sem praticarmos a caridade para com o nosso próximo. Na verdade, tudo se resume nesta frase: *Fora da caridade não há salvação.*

Necessidade da caridade, segundo Paulo

Ainda que eu falasse todas as línguas dos homens e a língua dos próprios anjos, se não tiver caridade serei como o bronze que soa e um címbalo[4] que ressoa; ainda que tivesse o dom da profecia, que penetrasse todos os mistérios, e tivesse perfeito conhecimento de todas as coisas; ainda que tivesse toda a fé possível, até ao ponto de mover montanhas, se não tiver caridade nada sou. E, quando tivesse distribuído meus bens para alimentar os pobres e tivesse entregado meu corpo para ser queimado, se não tivesse caridade, de nada me serviria tudo isso.

A caridade é paciente; é branda e benéfica; a caridade não é invejosa; não é temerária, nem precipitada; não se enche de orgulho; não é desdenhosa; não cuida de seus interesses; não se aborrece com a injustiça, mas se alegra com a verdade; tudo suporta, tudo crê, tudo espera, tudo sofre.

Agora, estas três virtudes: a fé, a esperança e a caridade permanecem; mas, dentre elas, a mais excelente é a caridade. (Paulo, 1ª Epístola aos Coríntios, capítulo 13, versículos 1 a 7, 13)

O apóstolo Paulo, através dessa passagem evangélica, explica que a caridade está ao alcance de qualquer pessoa, seja ela ignorante ou sábia, rica ou pobre. A prática da caridade também não depende da religião que a pessoa tenha, e a verdadeira caridade não se constitui

---

[4] Antigo instrumento feito de dois meios globos de metal que eram batidos um contra o outro.

apenas de atos beneficentes, mas de todas as qualidades do coração, como a bondade e a boa-vontade para com o próximo.

Fora da Igreja não há salvação. Fora da verdade não há salvação

Enquanto que a máxima "fora da caridade não há salvação" engloba toda a humanidade, dizer que "fora da Igreja não há salvação" exclui muitas pessoas (aquelas que não são dessa "igreja"), negando a elas a possibilidade de felicidade futura. Essa frase também divide os filhos de Deus, ao invés de uni-los, e afasta as pessoas umas das outras, semeando entre elas a irritação, a discórdia e o preconceito. Bem ao contrário do que acontece com a máxima "fora da caridade não há salvação", que torna os homens iguais e irmãos perante Deus e dá a eles liberdade de pensamento, afirmar que "fora da Igreja não há salvação" é totalmente contrário aos ensinamentos de Jesus Cristo.

Dizer que "fora da verdade não há salvação" é o mesmo que dizer que "fora da Igreja não há salvação", já que todas as seitas e religiões se acham donas da verdade. No entanto, homem nenhum sobre a Terra possui a verdade absoluta, pois esta é um privilégio dos espíritos superiores. A humanidade terrestre conhece apenas uma parte da verdade, que é proporcional ao seu grau de adiantamento.

O espiritismo entende que a salvação está ao alcance de todos os que obedecerem às leis de Deus, independentemente da religião que pratiquem.

Neste capítulo, os espíritos ensinam:

1. Que os que praticam a caridade viverão em paz na Terra e estarão em bom lugar no céu.

2. Que nada exprime com mais exatidão o pensamento de Jesus Cristo e nada resume de forma tão perfeita os deveres dos homens quanto a máxima "fora da caridade não há salvação".

3. Que, se o homem se deixar guiar pela prática da caridade, ele jamais errará o caminho.

4. Que a caridade evita que se pratique o mal e faz com que se pratique o bem.

5. Que devemos agradecer a Deus o privilégio de conhecer o espiritismo, não porque ele nos garanta a salvação mais que outras religiões, mas porque nos ajuda a entender os ensinamentos de Jesus e faz de nós pessoas cada vez melhores.

6. Que nós, espíritas, devemos esforçar-nos por dar o bom exemplo, mostrando aos que nos cercam que o verdadeiro espírita e o verdadeiro cristão são a mesma coisa, uma vez que todos os que praticam a caridade são legítimos seguidores de Jesus, não importando a religião a que pertençam.

CAPÍTULO 16

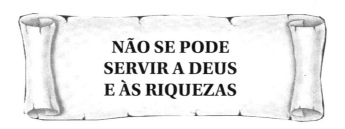

NÃO SE PODE SERVIR A DEUS E ÀS RIQUEZAS

Salvação dos ricos

Ninguém pode servir a dois senhores, porque ou odiará um e amará a outro, ou se prenderá a um e desprezará o outro. Vocês não podem servir ao mesmo tempo a Deus e às riquezas. (Lucas, capítulo 16, versículo 13)

Então, aproximou-se Dele um moço e disse: "Bom mestre, que bem devo praticar para conseguir a vida eterna?". Respondeu Jesus: "Por que me chamas bom? Bom, só Deus o é. Se queres conseguir a vida, guarda os mandamentos". "Que mandamentos?", perguntou o moço. Disse Jesus: "Não matarás; não cometerás adultério; não roubarás; não darás falso testemunho. Honra a teu pai e a tua mãe e ama a teu próximo como a ti mesmo".

O moço respondeu: "Tenho guardado todos esses mandamentos desde que cheguei à juventude. Qual é que ainda me falta?". Disse Jesus: "Se queres ser perfeito, vai, vende tudo o que tens, dá tudo aos pobres e terás um tesouro no céu. Depois, vem e me segue".

Ouvindo essas palavras o moço foi embora todo triste, porque tinha muitas riquezas. Jesus então disse aos seus discípulos: "Em verdade lhes digo que é bem difícil que um rico entre no reino dos céus. Ainda uma vez lhes digo: é mais fácil que um camelo passe pelo buraco de uma agulha do que um rico entre no reino dos céus". (Lucas, capítulo 18, versículos 18 a 25; Marcos, capítulo 10, versículos 17 a 25)

Evitar a avareza

Então, no meio da multidão, um homem Lhe disse: "Mestre, dize a meu irmão para dividir comigo a herança que nos cabe". Jesus lhe respondeu: "Ó homem! Quem me designou para lhes julgar ou para fazer as suas partilhas?". E disse ainda: "Tenham o cuidado de evitar toda a avareza, já que, seja qual for a riqueza que o homem possua, sua vida não depende dos bens que ele tem".

Contou-lhes a seguir esta parábola: "Havia um homem rico cujas terras tinham produzido extraordinariamente, e que ficava a pensar consigo mesmo: Que vou fazer, uma vez que já não tenho lugar para guardar tudo o que vou colher? Já sei o que farei: demolirei os meus celeiros e construirei outros maiores, onde colocarei toda a minha colheita e todos os meus bens. E direi à minha alma: minha alma, tens bens de reserva para muitos anos; repousa, come, bebe, aproveita. Mas Deus, ao mesmo tempo, disse ao homem: Que insensato você é! Esta noite mesmo levarão sua alma; para que servirá aquilo que você juntou?".

É o que acontece com aquele que junta tesouros para si próprio e que não é rico diante de Deus. (Lucas, capítulo 12, versículos 13 a 21)

Jesus na casa de Zaqueu

Tendo Jesus entrado em Jericó, passava pela cidade, e havia ali um homem chamado Zaqueu, chefe dos publicanos e muito rico, que tinha vontade de ver Jesus para conhecê-Lo mas não conseguia, por causa da multidão, já que era de estatura muito baixa. Por isso, correu à frente das pessoas e subiu em uma árvore, para vê-Lo, uma vez que Ele iria passar por ali. Lá chegando, Jesus voltou o olhar para o alto e, vendo-o, disse-lhe: "Zaqueu, desce depressa, porque preciso que você me hospede hoje na sua casa. Zaqueu desceu imediatamente e o recebeu com alegria. Vendo isso, todos começaram a comentar: "Ele foi hospedar-se na casa de um homem de má vida".

Mas Zaqueu, pondo-se diante do Senhor, Lhe disse: "Senhor, dou a metade dos meus bens aos pobres e, se causei dano a alguém, seja no que for, indenizo-o com o quádruplo". Ao que Jesus lhe disse: "Esta casa recebeu hoje a salvação, porque este também é filho de Abraão, visto que o Filho do Homem veio para procurar e salvar o que estava perdido". (Lucas, capítulo 19, versículos 1 a 10)

Parábola do mau rico

Havia um homem rico, que se vestia ricamente, e se cuidava muito bem todos os dias. Havia também um pobre, chamado Lázaro, deitado à sua porta, todo coberto de feridas, que gostaria muito de matar a fome com as migalhas que caíam da mesa do rico; mas ninguém as dava para ele, e os cães vinham lamber suas chagas.

Ora, aconteceu que esse pobre morreu e foi levado pelos anjos para junto de Abraão. O rico também morreu e teve por túmulo o inferno.[5] Quando se encontrava nos sofrimentos, levantou os olhos e viu de longe Abraão e Lázaro junto a ele e, exclamando, disse o seguinte: "Pai Abraão, tende piedade de mim e manda-me Lázaro, para que molhe a ponta do dedo em água para me refrescar a língua, pois sofro terrível tormento nestas chamas".

Mas Abraão lhe respondeu: "Meu filho, lembra-te de que recebeste em vida teus bens e de que Lázaro só teve males; por isso, ele agora está na consolação e tu estás no sofrimento. Além disso, existe para sempre entre nós e vocês um grande abismo, o que faz com que os que queiram passar daqui para aí não possam, como também ninguém pode passar daí onde estás para cá".

Disse o rico: "Eu então te suplico, pai Abraão, que o mandes à casa de meu pai, onde tenho cinco irmãos, para contar a eles essas coisas, a fim de que não venham eles também para este

---

[5] A palavra utilizada no original grego para 'inferno' é *Hades* e seria melhor traduzida por 'mundo dos espíritos'. Na concepção grega, os espíritos, após a morte do corpo, iriam para o *Hades*, onde poderiam sofrer as consequências dos seus atos em vida. Após certo tempo, para nascer em outro corpo, os gregos acreditavam que o espírito deveria beber das águas do rio *Letes*, o que apagaria as lembranças das vidas passadas. Ao atingir a perfeição, o espírito já não mais iria para o *Hades*, mas para os *Campos Elíseos*, onde estaria livre das encarnações compulsórias.

lugar de sofrimento". Abraão lhe respondeu: "Eles têm Moisés e os profetas; que os escutem". "Não, meu pai Abraão", disse o rico, "se algum dos mortos aparecer para eles, farão penitência". Retrucou Abraão: "Se eles não ouvem a Moisés, nem aos profetas, também não acreditarão mesmo que um dos mortos ressuscite". (Lucas, capítulo 16, versículos 19 a 31)

Parábola dos talentos[6]

O Senhor age como um homem que, tendo que fazer uma longa viagem fora de seu país, chamou seus empregados e lhes entregou seus bens. Depois de dar cinco talentos para um, dois para outro e um para outro, a cada um segundo sua capacidade, partiu imediatamente. Então o que recebeu cinco talentos saiu, negociou com o dinheiro e ganhou cinco outros. O que recebeu dois também ganhou outros dois. Mas o que apenas recebeu um cavou um buraco na terra e nele escondeu o dinheiro de seu patrão. Passado um bom tempo, o patrão voltou e pediu que eles prestassem contas. Veio o que tinha recebido cinco talentos e lhe apresentou outros cinco, dizendo: "Senhor, me entregaste cinco talentos; aqui estão, além desses, mais cinco que ganhei". Respondeu-lhe o amo: "Servidor bom e fiel, uma vez que foste fiel em pouca coisa, te confiarei muitas outras; compartilha da alegria do teu senhor". Por sua vez, o que tinha recebido dois talentos apresentou-se e disse: "Senhor, me entregaste dois talentos; aqui estão, além desses, outros dois que ganhei". O patrão lhe respondeu: "Bom e fiel servidor; uma vez que foste fiel em pouca coisa, te confiarei muitas outras; compartilha da alegria do teu senhor". Veio depois o que recebeu apenas um talento e disse: "Senhor, sei que és homem severo, que colhes onde não semeaste e de onde nada plantaste; por isso, como te temia, escondi o teu talento na terra; aqui o tens: devolvo o que te pertence". Mas o homem lhe respondeu: "Servidor mau e preguiçoso; se sabias que colho onde não semeei e onde nada plantei, devias colocar meu dinheiro na mão dos banqueiros, para que, ao voltar, eu retirasse com juros aquilo que me pertence. Tirem-lhe, por isso, o talento que está com ele e deem-no ao que tem dez talentos; porque será dado a todos os que já têm e esses ficarão repletos de bens; quanto àquele que nada tem, será tirado mesmo o que pareça ter; e seja esse servidor inú-

---

[6] O talento era uma moeda antiga da Grécia e de Roma.

til jogado nas trevas exteriores, onde haverá pranto e ranger de dentes. (Mateus, capítulo 25, versículos 14 a 30)

Utilidade providencial da riqueza. Provas da riqueza e da miséria

Se a riqueza impedisse totalmente a salvação dos homens (como pode parecer se tomarmos ao pé da letra certas palavras de Jesus), Deus não a teria colocado nas mãos de alguns. Mas a riqueza é, de fato, uma prova muito arriscada, sendo mais perigosa que a miséria. Isso porque gera tentações, exerce fascínio, atiça o orgulho e o egoísmo, e prende à Terra o pensamento do homem. Todas essas dificuldades impostas pela riqueza, entretanto, não fazem com que ela seja um impedimento à salvação. Tudo vai depender da maneira como for usada.

Quando Jesus disse ao moço que vendesse tudo o que possuía e o seguisse, quis apenas mostrar que o apego aos bens terrenos é um obstáculo à salvação. Quis mostrar que não basta seguir certos mandamentos, que não basta apenas não fazer o mal, mas que é preciso fazer o bem. Em outras palavras: que é preciso exercer a caridade.

Jesus não pregava a abolição da riqueza, e muito menos condenava o trabalho honesto que pode obtê-la, porque isso estaria contra a lei do progresso, que é lei de Deus.

Se a riqueza é causa de muitos males, a culpa é do próprio homem, que dela abusa, assim como abusa de tantos outros dons. Se a riqueza só produzisse males, Deus não a teria posto na Terra. Cabe ao próprio homem saber usá-la, fazendo-a produzir o bem.

É missão do homem trabalhar pela melhoria material do planeta, aumentando a produção com a ajuda da ciência, da economia, das boas relações e da comunicação entre os povos. Foi a necessidade que fez o homem criar a riqueza e descobrir a ciência, o que o ajuda no desenvolvimento de sua própria inteligência e o levará no futuro a entender as grandes verdades morais. A possibilidade de obter riqueza na Terra estimula o homem ao estudo, ao trabalho e ao esforço, e por isso ela é considerada um elemento de progresso.

Desigualdade das riquezas

Se for considerada apenas a vida atual, a desigualdade das riquezas é um problema difícil de ser resolvido. Por que não são todos igualmente ricos? Por uma razão bem simples: por não serem todos igualmente inteligentes, esforçados e trabalhadores para obterem a riqueza, nem igualmente sóbrios e previdentes para conservá-la. Se dividíssemos toda a riqueza do mundo de forma igual para todos, aconteceria o seguinte: a cada um caberia uma parte muito pequena e insuficiente; pela diferença entre o caráter e as aptidões dos homens, em pouco tempo já haveria de novo muitas diferenças; se todos se achassem com o sustento garantido, não iriam se esforçar tudo o que podem, e mais, sem a possibilidade de obter riqueza, os homens não teriam o estímulo necessário para criar e trabalhar pelas grandes descobertas e empreendimentos que levam ao bem comum.

Mas por que Deus concede riqueza a pessoas que não a usam para praticar o bem? Porque cabe ao homem decidir que caminho tomar; é por isso que ele tem o livre-arbítrio. A prática do bem não deve ser uma imposição de Deus, mas o resultado dos esforços e da vontade de cada um.

A riqueza é uma maneira de Deus experimentar o homem, sendo também um poderoso meio de ação para o progresso. Por essas razões, é incessantemente deslocada. Assim, todos a possuem em algum momento, ao longo das muitas reencarnações, cada um tendo a oportunidade de se exercitar em seu uso e mostrar que sabe usá-la. O rico de hoje pode ser o pobre de outras vidas, e o pobre de hoje pode ser alguém que já foi e/ou virá a ser rico.

A riqueza é, para os outros, a prova da caridade e da abnegação, assim como a pobreza é, para quem passa por ela, a prova da paciência e da resignação. Dessa forma, ao considerarmos o conjunto das existências corpóreas, veremos que tudo se equilibra com justiça. A origem do mal não está na riqueza, mas no orgulho e no egoísmo; todos os abusos acabarão quando os homens se regenerarem pela lei da caridade.

Neste capítulo, os espíritos ensinam:

1. Que o homem só possui verdadeiramente aquilo que leva com ele após a desencarnação e que ninguém pode tirar-lhe: a inteligência, os conhecimentos e as qualidades morais.

2. Que essas virtudes são as riquezas que devemos realmente preocupar-nos em acumular.

3. Que uma boa situação espiritual não pode ser comprada de nenhuma forma; ela deve ser conquistada através da prática do bem.

4. Que os bens da Terra pertencem a Deus, que distribui seu usufruto da forma que melhor considera.

5. Que as riquezas legítimas são aquelas conseguidas através do esforço e do trabalho honesto, sem causar dano a ninguém.

6. Que ao homem não é dado abusar da riqueza, e nem usá-la somente na satisfação dos seus sentidos e do seu orgulho, pois isso anularia o mérito de seu esforço e de seu trabalho.

7. Que o mandamento "amai-vos uns aos outros" e a prática da caridade devem sempre orientar o homem no emprego de sua riqueza.

8. Que a preocupação com o aperfeiçoamento moral deve ser infinitamente mais importante que a preocupação com o bem-estar material.

9. Que o homem é somente o administrador dos bens que Deus colocou em suas mãos e que deverá prestar contas de seu uso.

10. Que usar bem a riqueza significa usá-la para o bem dos outros, e que usá-la mal significa aplicá-la somente para a própria satisfação.

11. Que as riquezas podem e devem ser aplicadas para o bem geral, e que a esmola não é a melhor maneira de se fazer isso.

12. Que o amor aos bens terrenos é um dos maiores obstáculos ao adiantamento moral e espiritual.

13. Que o rico deve dar sem ostentação, e o pobre deve receber sem baixeza.

14. Que esbanjar riquezas não é demonstração de desprendimento, mas sim de descaso e indiferença.

15. Que o desapego aos bens terrenos está em servir-se deles em benefício dos outros, e não apenas em benefício próprio, além de conformar-se com sua eventual perda.

16. Que devemos saber viver sem riqueza, quando não a possuímos, empregá-la de forma útil, quando a possuímos, e saber sacrificá-la, quando necessário.

17. Que devemos saber contentar-nos com pouco.

18. Que todos têm o legítimo direito de deixar bens para seus herdeiros, porque Deus pode tirá-los, se assim julgar conveniente.

CAPÍTULO 17

SEJAM PERFEITOS

Caracteres da perfeição

> Amem os seus inimigos; façam o bem aos que os odeiam e orem pelos que os perseguem e caluniam. Porque, se vocês amarem apenas os que os amam, que recompensa vocês terão? Os publicanos também não fazem assim? Se vocês somente saudarem os seus irmãos, que estarão fazendo com isso mais do que outros? Os pagãos não fazem a mesma coisa? Sejam, pois, perfeitos, como perfeito é o seu Pai celestial. (Mateus, capítulo 5, versículos 46 a 48)

Essa passagem, se fosse levada ao pé da letra, poderia fazer parecer que é possível para nós atingirmos a perfeição absoluta. Mas a criatura não pode ser tão perfeita quanto o Criador, porque senão seria igual a ele, o que é impossível.

Podemos, sim, alcançar uma perfeição relativa, que é o que o texto de Mateus quer expressar. E essa perfeição relativa pode ser alcançada por nós se fizermos o que Jesus nos ensinou: amar os inimigos, fazer o bem aos que não gostam de nós, rezarmos por aqueles que nos perseguem. Ou seja, se praticarmos a caridade sempre.

O amor ao próximo (até mesmo aos inimigos) é o que nos leva o mais perto possível à perfeição do Pai celestial.

O homem de bem

O homem de bem é aquele que cumpre a lei de justiça, de amor e de caridade, e que está sempre perguntando à própria consciência se fez aos outros aquilo que gostaria que lhe fizessem. Ele tem grande fé em Deus e no futuro, e por isso dá mais importância aos bens espirituais que aos bens materiais. Aceita os sofrimentos da vida sem reclamar, porque sabe que são provas ou expiações necessárias para sua evolução. Tem grande alegria em fazer o bem e em consolar os sofredores do caminho, e está sempre pensando no próximo antes de pensar em si mesmo. Ele não discrimina ninguém por raça, por crença, ou por qualquer outra coisa, porque considera todos os homens como irmãos.

Seu guia é a caridade, e ele evita causar sofrimento a quem quer que seja. Não alimenta ódios ou desejos de vingança, e sempre perdoa e esquece as ofensas. Tem compreensão e paciência com as fraquezas dos outros, mas procura o tempo todo combater os seus próprios defeitos.

Não se orgulha por nada que possua, pois sabe que tudo lhe pode ser tirado. Usa de seus bens sem abuso e trata a todos como iguais, sempre respeitando os direitos do próximo.

Os bons espíritas

Se bem entendido e praticado, o espiritismo leva todos a serem pessoas de bem. Apesar disso, há muitos espíritas que não aplicam esses ensinamentos em suas vidas. E por quê? A doutrina espírita é clara e transparente nas coisas que ensina, não requer inteligência privilegiada para ser compreendida, mas é preciso que se tenha *maturidade do senso moral*. E essa maturidade não depende da idade ou do grau de instrução, depende apenas do desenvolvimento espiritual de cada um.

Alguns espíritas ainda preocupam-se apenas com o fenômeno, esquecendo do mais importante da doutrina: a moral. Ao contrário daqueles que se acham em melhor grau de adiantamento e que já conseguem enxergar além. Podemos reconhecer o verdadeiro espírita por sua transformação moral e pelos esforços que faz para dominar suas más inclinações.

Parábola do semeador

Naquele mesmo dia, tendo saído de casa, Jesus sentou-se à beira-mar; em volta Dele logo juntou-se grande multidão. Por isso Ele entrou num barco, onde sentou-se, ficando o povo todo na margem. Disse então muitas coisas através de parábolas, falando assim: "Um semeador saiu a semear; e, ao semear, uma parte das sementes caiu pelo caminho, e os pássaros do céu vieram e comeram. Outra parte caiu em locais pedregosos onde não havia muita terra; as sementes logo brotaram, porque não era profunda a terra onde haviam caído. Mas, ao se levantar, o sol as queimou e, como não tinham raízes, acabaram secando. Outra parte caiu entre espinheiros que, ao crescerem, as abafaram. Outra, finalmente, caiu em terra boa e produziu frutos, dando algumas sementes cem por um, outras sessenta e outras trinta. Ouça quem tem ouvidos de ouvir. (Mateus, capítulo 13, versículos 1 a 9)

Escutem, pois, a parábola do semeador. Quem quer que escuta a palavra do reino e não lhe dá atenção, vem o espírito maligno e tira o que lhe fora semeado no coração. Esse é o que recebeu a semente ao longo do caminho. Aquele que recebe a semente no meio das pedras é o que escuta a palavra e a recebe com alegria no início. Mas, não tendo nele raízes, dura apenas algum tempo. Acontecendo derrotas e perseguições por causa da palavra, tira ele daí motivo de erro e de queda. Aquele que recebe a semente entre espinheiros é o que ouve a palavra; mas, em quem, logo, as preocupações deste século e a ilusão das riquezas abafam aquela palavra e a tornam infrutífera. Porém, aquele que recebe a semente em boa terra é o que escuta a palavra, presta atenção nela e em quem ela produz frutos, dando cem ou sessenta, ou trinta por um. (Mateus, capítulo 13, versículos 18 a 23)

A parábola do semeador mostra as diversas maneiras que as pessoas têm de utilizar os ensinamentos do Evangelho. Para muitas esses ensinamentos não adiantam, assim como as sementes que caem sobre as pedras e não dão frutos.

E isso acontece também entre os espíritas. Há alguns que só se preocupam com os fenômenos físicos, olhando-os com curiosidade mas sem aprender nada com eles. Há outros que se encantam com as comunicações dadas pelos espíritos, mas não mudam para melhor depois disso. Há outros, ainda, que consideram esses ensinamentos bons para as demais pessoas, mas que não os aplicam em suas próprias vidas. Porém, é claro que também existem muitos que aprendem bastante com esses ensinamentos, exatamente como as sementes que caíram em terra boa e que deram frutos.

Neste capítulo, os espíritos ensinam:

1. Que o dever moral de cada um de nós começa no ponto em que a felicidade ou a tranquilidade do nosso próximo esteja ameaçada.

2. Que somos todos iguais em relação à dor, sejamos pequenos ou grandes, ignorantes ou instruídos.

3. Que Deus quer que todos os seus filhos, sem distinção, deixem de praticar o mal, e que para isso todos são ensinados pelas experiências da vida.

3. Que o homem que cumpre o seu dever ama a Deus mais do que às pessoas e ama as pessoas mais do que a si mesmo.

4. Que a verdadeira virtude não faz propaganda de si própria; que o homem virtuoso simplesmente faz o bem, com desinteresse e esquecimento de si mesmo, sem esperar qualquer tipo de reconhecimento, elogio ou recompensa.

5. Que mais vale pouca virtude com modéstia do que muita virtude com orgulho.

6. Que a autoridade ou o poder de mando que é concedido por Deus a uma pessoa é uma missão ou uma prova, e pode ser tirada por Ele a qualquer momento.

7. Que a pessoa que detém esse poder vai responder pela forma como o irá usar, sendo responsável pelas orientações e pelos exemplos que der a seus subordinados, tanto para o mal quanto para o bem.

8. Que, se essa pessoa seguir os ensinamentos do Cristo, vai tratar seus subordinados com justiça e igualdade, sem nunca desprezá-los ou considerá-los inferiores, uma vez que sabe que as diferenças sociais não são importantes aos olhos de Deus.

9. Que, quem hoje manda, em outras vidas (passadas ou futuras) pode estar em posição de obedecer, e vice-versa.

10. Que o subordinado também tem deveres a cumprir, mesmo quando seu chefe não cumpre os seus próprios, já que ninguém tem o direito de retribuir o mal com o mal.

11. Que o subordinado, mesmo quando se encontra em uma posição de sofrimento, deve se comportar com seu chefe da forma que gostaria que se comportassem com ele, caso fosse ele próprio o chefe.

12. Que nenhuma pessoa deve isolar-se do mundo, mas sim viver entre os outros, já que a perfeição está na prática da caridade absoluta, e isso só é possível quando vivemos em sociedade.

13. Que o homem deve procurar ser feliz, mas sempre de consciência tranquila em relação a Deus e aos demais.

14. Que é necessário cuidarmos do nosso corpo e da nossa saúde, já que o corpo é instrumento da alma, e que é também através dele que ela se aperfeiçoa.

15. Que a perfeição não se encontra no sacrifício do corpo, mas sim na reforma do espírito.

CAPÍTULO 18

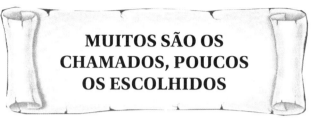

MUITOS SÃO OS CHAMADOS, POUCOS OS ESCOLHIDOS

Parábola da festa de casamento

Falando ainda por parábolas, disse-lhes Jesus: "O reino dos céus é como um rei que, querendo festejar o casamento de seu filho, mandou seus servos chamarem para a festa os que haviam sido convidados; estes, no entanto, recusaram-se a ir. O rei enviou outros servos com ordem de dizer em seu nome aos convidados: "Preparei o jantar; mandei matar os meus bois e todos os meus leitões; tudo está pronto; venham ao casamento". Mas eles, sem ligarem para isso, lá se foram, um para a sua casa de campo, outro para o seu negócio. Outros pegaram os servos e os mataram, depois de lhes terem feito muitas ofensas. Sabendo disso, o rei ficou com raiva e, mandando contra eles seus exércitos, exterminou os assassinos e lhes queimou a cidade.

Então, disse a seus servos: "A festa de casamento está totalmente preparada; mas, os que para ela foram convidados não eram dignos dela. Vão, então, a todas as esquinas e chamem para o casamento todos os que encontrarem". Os servos então saíram pelas ruas e trouxeram todos os que iam encontrando, bons e maus. E a sala da festa de casamento se encheu de pessoas que se sentaram à mesa.

Entrou, a seguir, o rei para ver os que estavam à mesa, e, vendo um homem que não usava uma roupa apropriada, disse-lhe: "Meu amigo, como entraste aqui sem a roupa apropriada?". O homem ficou em silêncio. Então, o rei disse à sua gente: "Amarrem-lhe as mãos e os pés e joguem-no nas trevas exteriores: aí é que haverá pranto e ranger de dentes; porque muitos são os chamados, mas poucos os escolhidos". (Mateus, capítulo 12, versículos 1 a 14)

Nessa parábola, Jesus compara o reino dos céus a uma festa de casamento. Falando dos primeiros convidados, ele se referia aos hebreus, que foram os primeiros que tiveram conhecimento da lei de Deus, mas que acabaram repelindo a palavra de Jesus e o sacrificaram. Os enviados do rei (os servos) simbolizam os profetas, que tinham por missão mostrar o caminho da verdadeira felicidade, mas que quase não foram ouvidos, tendo alguns deles sido até mesmo massacrados. Os convidados que se recusaram a ir por terem assuntos particulares para cuidar são as pessoas do mundo, que estão tão ocupadas com as coisas terrenas que não encontram tempo e disposição para os assuntos celestes. Quando Jesus diz que o rei mandou convidar todos os que os servos encontrassem, bons e maus, quis dizer que a palavra de Deus seria então levada a todos os outros povos.

Mas a parábola nos ensina também que não basta ser convidado e nem mesmo sentar-se à mesa para participar do banquete celestial; é preciso "estar vestido com a roupa apropriada", ou seja, ter o coração puro e cumprir a lei, que pode ser resumida na máxima "fora da caridade não há salvação". Como são poucos os que realmente ouvem a palavra divina e a cumprem, podemos dizer que muitos são os chamados para o reino dos céus, mas poucos os escolhidos para nele entrar.

A porta estreita

Entrem pela porta estreita, porque larga é a porta da perdição e espaçoso o caminho que a ela leva, e muitos são os que por ela entram. Como é pequena a porta da vida! Como é apertado o caminho que a ela conduz! E como são poucos os que a encontram! (Mateus, capítulo 7, versículos 13 e 14)

Tendo-Lhe alguém feito esta pergunta: "Senhor, são poucos os que se salvam?", respondeu-lhes Ele: "Esforcem-se por entrar pela porta estreita, pois lhes garanto que muitos tentarão atravessá-la e não poderão. E quando o pai de família tiver entrado e fechado a porta, e vocês, de fora, começarem a bater, dizendo: "Senhor, abre-nos"; ele lhes responderá: "Não sei de onde vocês são". E vocês dirão: "Comemos e bebemos na tua presença e nos instruíste nas nossas praças públicas". Ele lhes responderá: "Não sei de onde vocês são; afastem-se de mim, todos vocês que praticam o mal". Então, haverá prantos e ranger de dentes, quando vocês virem que Abraão, Isaac, Jacob e todos os profetas estão no reino de Deus e que vocês nele são barrados. Virão muitos do leste e do oeste, do norte e do sul, que participarão da festa no reino de Deus. Então, os últimos serão os primeiros e os primeiros serão os últimos". (Lucas, capítulo 13, versículos 23 e 30)

O caminho que leva ao mal (ou à "porta da perdição" de que fala Mateus) é largo, porque por ele segue a maior parte das pessoas. Já a porta (ou o caminho) que leva à salvação é estreita, porque para atravessá-la temos que fazer esforços imensos para dominar nossas más tendências, coisa que poucos se dispõem a fazer. Por isso, "muitos são os chamados, mas poucos os escolhidos".

E isso acontece na Terra porque aqui ainda predomina o mal, o que é uma situação passageira. Quando a humanidade terrestre tiver evoluído, haverá bem mais gente na estrada do bem. O mal, portanto, não é o estado normal.

E por que temos tantos sofrimentos e dificuldades? Por que essa porta é tão estreita? Por que tão poucos são capazes de transpô-la? Só podemos entender isso se levarmos em conta a reencarnação. Só poderemos compreender com profundidade os ensinamentos do Cristo se soubermos que já vivemos outras vidas e que ainda viveremos outras muitas; que passado, presente e futuro se encontram sempre interligados; que todos um dia poderão atravessar a porta estreita. Afinal, se tivéssemos uma única existência, onde estaria a justiça de Deus ao fazer tão estreita a porta da salvação, permitindo que apenas alguns privilegiados pudessem atravessá-la?

Nem todos os que dizem "Senhor! Senhor!" entrarão no reino dos céus

Nem todos os que me dizem: "Senhor! Senhor!" entrarão no reino dos céus; entrará apenas aquele que segue a vontade de meu Pai, que está nos céus. Muitos, nesse dia, me dirão: "Senhor! Senhor! Não profetizamos em Teu nome? Não expulsamos o demônio em Teu nome? Não fizemos muitos milagres em Teu nome?". Eu então lhes direi em altas vozes: "Afastem-se de mim, vocês que fazem obras de maldade". (Mateus, capítulo 7, versículos 21 a 23)

Aquele, pois, que escuta estas minhas palavras e as põe em prática, será comparado a um homem prudente que construiu sua casa sobre a rocha. Quando veio a chuva, os rios transbordaram e os ventos sopraram sobre a casa, mas ela não ruiu, por estar edificada sobre a rocha. Mas aquele que escuta estas minhas palavras e não as pratica é como um homem insensato que construiu sua casa na areia. Quando veio a chuva, os rios transbordaram, os ventos sopraram e a açoitaram, ela foi derrubada; grande foi a sua ruína. (Mateus, capítulo 7, versículos 24 a 27; Lucas, capítulo 6, versículos 46 a 49)

Aquele que desobedecer a um destes menores mandamentos e que ensinar os homens a desobedecê-los, será considerado como último no reino dos céus; mas será grande no reino dos céus aquele que os cumprir e ensinar. (Mateus, capítulo 5, versículo 9)

De nada adianta demonstrar adoração a Jesus com palavras se não seguirmos seus ensinamentos em nossa conduta diária. Os atos exteriores de devoção (como ritos, cânticos, cerimônias, etc.) nada significam se não forem acompanhados de renúncia à prática do mal. Passar o dia em oração e não praticar a caridade e o amor ao próximo na verdade não serve para nada. Jesus condenou os que desmentem com os próprios atos aquilo que é dito pelos lábios.

Muito será pedido àquele que muito recebeu

> O servo que conhecer a vontade de seu amo e que, porém, não estiver pronto e não fizer o que esse seu amo quer, será duramente castigado. Mas aquele que não conhecer essa vontade e fizer coisas que mereçam castigo, menos punido será. Muito será pedido àquele a quem muito tiver sido dado, e maiores contas serão cobradas daquele a quem mais coisas foram confiadas. (Lucas, capítulo 12, versículos 47 e 48)

> "Vim a este mundo para exercer um juízo, para que os que não veem vejam, e os que veem se tornem cegos". Alguns fariseus que estavam com Ele, ao ouvirem essas palavras, perguntaram-Lhe: "Então nós também somos cegos?". Respondeu-lhes Jesus: "Se vocês fossem cegos, não teriam pecados; mas, agora, vocês dizem que veem, e é por isso que o pecado permanece em vocês". (João, capítulo 9, versículo 39 a 41)

Quem conhece os ensinamentos do Cristo e não os pratica é certamente culpado. Mas o Evangelho não é conhecido por todos, já que somente as religiões cristãs o têm como guia. E, mesmo entre os seguidores dessas religiões, há muitos que não leem o Evangelho, e outros muitos que não o compreendem.

Vem daí a importância dos ensinos dos espíritos, que colocam os preceitos do Evangelho ao alcance de todas as pessoas, tanto as cultas quanto as ignorantes, tanto as crentes quanto as incrédulas, tanto as cristãs quanto as não-cristãs. E isso acontece porque os espíritos se comunicam por toda parte. Sendo assim, quem conhece esses ensinamentos e não os pratica é mais culpado, já que tem a verdade a seu alcance.

No caso dos médiuns que transmitem palavras dos bons espíritos, isso se torna ainda mais sério. Eles devem aprender as lições transmitidas antes de todos os outros e praticar essas lições em seu próprio comportamento.

Quando Jesus diz que "se vocês fossem cegos, não teriam pecados", Ele quis nos dizer que a culpa é tanto maior quanto for o esclarecimento da pessoa, tanto maior quanto for sua capacidade de entender os ensinamentos divinos. Os ignorantes, portanto, são menos culpados que os esclarecidos.

Sendo assim, muito será pedido a nós, espíritas, já que a nós foi dado o privilégio de conhecer a verdade. O espiritismo vem para multiplicar o número dos *chamados* (aqueles que têm contato com os ensinamentos do Cristo) e, ao mostrar o caminho do bem, também vai multiplicar o número dos *escolhidos* (aqueles que aplicam esses ensinamentos em suas vidas).

Neste capítulo, os espíritos ensinam:

1. Que devemos conservar e cultivar os ensinamentos de Jesus.

2. Que a semente do bem, uma vez plantada em nosso coração e cultivada com esforço próprio, só nos trará bons frutos.

3. Que não basta dizer "sou cristão" para ser um real seguidor do Cristo, é preciso praticar seus ensinamentos.

4. Que o verdadeiro cristão é reconhecido por suas obras, e não por suas palavras.

CAPÍTULO 19

A FÉ MOVE MONTANHAS

Quando Ele veio ao encontro do povo, um homem se aproximou e, jogando-se de joelhos a Seus pés, disse: "Senhor, tenha piedade do meu filho, que é perturbado e sofre muito, pois muitas vezes cai no fogo e muitas vezes na água. Eu o apresentei aos seus discípulos, mas eles não puderam curá-lo". Jesus respondeu dizendo: "Ó gente incrédula e degenerada, até quando estarei com vocês? Tragam-me aqui esse menino". E tendo Jesus ameaçado o demônio, este saiu de dentro do menino, que no mesmo momento ficou sadio. Os discípulos então vieram ter com Jesus em particular e Lhe perguntaram: "Por que nós não pudemos expulsar esse demônio?". Respondeu-lhes Jesus: "Por causa da sua incredulidade. Pois em verdade lhes digo, se a sua fé tivesse o tamanho de um grão de mostarda, vocês diriam a esta montanha: mova-se daí para ali, e ela se moveria, e nada seria impossível para vocês". (Mateus, capítulo 17, versículos 14 a 20)

A montanha que poderia ser movida pela fé representa as dificuldades que as pessoas que trabalham pelo progresso da humanidade encontram pela frente, tais como a má-vontade, os preconceitos, o interesse material, o egoísmo, o orgulho e o fanatismo, entre outras. Só a fé verdadeira dá a perseverança, os recursos e a energia de que precisamos para remover os obstáculos, tanto os grandes como os pequenos.

A fé também é a confiança de que somos capazes de realizar as coisas, a certeza de que podemos atingir um objetivo. Quem tem fé age com segurança e se torna capaz de executar até mesmo as tarefas mais difíceis. E a fé verdadeira é sempre calma e paciente, já que se apoia na compreensão da realidade.

Mas não devemos confundir fé com presunção. A fé é humilde e vem de uma confiança maior em Deus do que em si próprio, já que nada se pode fazer sem a ajuda divina.

Os fenômenos de cura espiritual acontecem através da fé, que se materializa na ação magnética. Quem tem grande fé e um grande poder fluídico pode operar curas através da própria vontade, e isso é uma lei natural. É por isso que Jesus disse aos apóstolos que eles não puderam curar o menino devido à sua incredulidade.

A fé religiosa. Condição de fé inabalável

A fé pode ser raciocinada ou cega. A fé cega aceita tudo sem questionar ou verificar, vai contra a razão de que o ser humano é dotado, e pode acabar em fanatismo. Já a fé raciocinada é resultado de um exame cuidadoso, e nunca vai contra a razão. As religiões que dizem a seus fiéis que eles devem crer cegamente em alguma coisa na verdade estão confessando que não são capazes de mostrar que estão certas.

A fé não pode ser imposta; é por isso que se diz que ninguém é culpado por não ter fé. A fé é adquirida, mas todo mundo pode adquiri-la, bastando para isso querer buscá-la. Nessa busca, devemos olhar em volta: há tantas provas em torno de nós que, se deixarmos de lado o orgulho, reconhecendo que existe uma força superior e que a ela devemos nos curvar, certamente encontraremos a fé que buscamos.

Há algumas pessoas que têm mais facilidade em crer do que outras; isso acontece por causa de seu progresso em outras vidas. Ou seja, as primeiras já progrediram na busca pela fé durante encarnações anteriores, enquanto as segundas ainda terão que fazer isso, nesta ou em próximas vidas. Mas todas, mas cedo ou mais tarde, chegarão lá.

A fé raciocinada, no entanto, ao dar valor ao raciocínio e ao livre-arbítrio em vez de procurar negá-los (como faz a fé cega), e ao apoiar-se na lógica e nos fatos, diminui a resistência dos incrédulos. Afinal, como nos diz o espiritismo, *a fé inabalável é somente aquela que pode encarar de frente a razão, em todas as épocas da humanidade.*

Parábola da figueira que secou

> Quando deixavam Betânia, Ele teve fome; e, avistando ao longe uma figueira, foi até lá, para ver se achava alguma coisa; ao aproximar-Se, porém, encontrou apenas folhas, já que não era época de figos. Então, Jesus disse à figueira: "Que ninguém coma nenhum de teus frutos", o que seus discípulos ouviram. No dia seguinte, ao passarem pela figueira, viram que ela havia secado até à raiz. Pedro, ao lembrar do que Jesus dissera, disse: "Mestre, veja como secou a figueira que tu amaldiçoaste". Jesus, tomando a palavra, disse-lhes: "Tenham fé em Deus. Em verdade lhes digo que aquele que disser a esta montanha: "sai daí e joga-te no mar", mas sem hesitar em seu coração, ao contrário, acreditando firmemente que tudo o que tiver dito acontecerá, verá que, com efeito, acontece". (Marcos, capítulo 16, versículos 12 a 14 e 20 a 23)

A figueira da parábola simboliza aqueles que só parecem fazer o bem, mas na verdade não fazem. Simboliza também os que têm capacidade de ser úteis, mas não são, e todas as religiões que não trazem nenhum bem à humanidade, embora pudessem fazer isso. O destino de todas as doutrinas e todos os homens que, embora tenham recursos, não produzam o bem, é o mesmo da figueira da parábola: são reduzidos a nada.

Aos médiuns (a quem foram dadas faculdades especiais) cabe então uma missão muito importante: usar seus dons para espalhar a mensagem do bem por toda a humanidade, sem se desviar desse objetivo a serviço de interesses fúteis. Os médiuns – que existem em toda parte, em todos os países e classes sociais, entre as pessoas mais importantes e as mais humildes da face da Terra – devem utilizar seus dons em benefício dos outros, esquecendo-se dos seus próprios interesses, para não acabarem como a figueira seca. Pois Deus pode tirar deles essa capacidade se ela se tornar inútil para o bem de todos, e mesmo permitir que eles sejam aprisionados por maus espíritos.

Neste capítulo, os espíritos ensinam:

1. Que fé, esperança e caridade são inseparáveis.

2. Que a verdadeira fé é forte e resiste à zombaria dos que não creem.

3. Que a fé sincera é empolgante e contagiosa; comunica-se aos que não a têm e até mesmo aos que não desejariam tê-la.

4. Que a melhor maneira de demonstrarmos nossa fé e comunicá-la aos outros é através do exemplo de nossas obras e da firmeza de nossa confiança diante dos sofrimentos da vida.

5. Que não devemos aceitar a fé sem comprovação, ou seja, a fé cega.

6. Que devemos amar a Deus, acreditar nas Suas promessas e seguir os conselhos dos bons espíritos tendo plena consciência das razões que nos levam a isso.

7. Que a busca pela fé deve ser uma ação da nossa vontade.

8. Que os chamados milagres de Jesus eram efeitos naturais da força de Sua vontade, perfeitamente explicáveis pelo espiritismo e pelo magnetismo.

9. Que não há em nós tendências ruins que não possamos vencer com a fé.

10. Que o magnetismo é uma das maiores provas da fé colocada em prática, e que é pela fé que ele produz curas e outros fenômenos antes classificados como milagrosos.

11. Que a capacidade de realizar prodígios vem do desenvolvimento das faculdades humanas naturais.

12. Que qualquer um de nós poderia realizar esses prodígios se conhecêssemos a força que possuímos e puséssemos nossa vontade a serviço dela.

CAPÍTULO 20

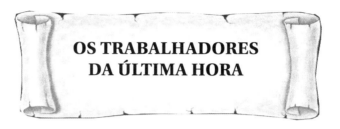

OS TRABALHADORES DA ÚLTIMA HORA

O reino dos céus é como um pai de família que saiu de madrugada para contratar trabalhadores para sua vinha. Tendo combinado com os trabalhadores que pagaria uma moeda a cada um por dia, mandou-os para a vinha. Saiu novamente à terceira hora do dia e, vendo outros que continuavam na praça sem fazer nada, disse-lhes: "Vão também vocês para a minha vinha e lhes pagarei o que for razoável". Eles foram. Saiu de novo à sexta hora e à nona hora do dia e fez o mesmo. Saindo mais uma vez à undécima hora, ainda encontrou outros que estavam desocupados, e a eles disse: "Por que vocês ficam aí o dia inteiro sem trabalhar?". "É que ninguém nos contratou", disseram eles. Ele então lhes disse: "Vão também vocês para a minha vinha".

Ao cair da tarde, o dono da vinha disse ao encarregado dos seus negócios: "Chama os trabalhadores e paga-lhes, começando pelos últimos e indo até os primeiros". Aproximando-se então os que só haviam chegado à undécima hora, cada um recebeu uma moeda. Vindo por sua vez os que tinham sido contratados em primeiro lugar, acharam que iriam receber mais; mas receberam somente uma moeda cada um. E queixaram-se ao pai de família, dizendo: "Estes últimos trabalharam apenas uma hora e lhes dás tanto quanto destes a nós, que aguentamos o peso do dia e do calor".

Mas respondeu o dono da vinha a um deles: "Meu amigo, não te causo nenhum prejuízo; não contrataste comigo receber uma moeda pelo teu dia? Pega o que te pertence e vai-te; é de minha vontade dar a este último tanto quanto dei a ti. Não tenho o direito de fazer o que quero? Tens mau olho, porque sou bom?".

Assim, os últimos serão os primeiros, e os primeiros serão os últimos, porque muitos são os chamados e poucos os escolhidos. (Mateus, capítulo 20, versículos 1 a 16 – *ver também "Parábola do festim das bodas", capítulo 18, versículo 1*)

Neste capítulo, os espíritos ensinam:

1. Que o trabalhador da última hora tem direito ao seu salário, desde que não tenha se atrasado por preguiça ou má-vontade, mas apenas por não ter sido convocado antes ao trabalho.

2. Que a maioria de nós, espíritas, somos trabalhadores de última hora, ou seja, que estamos despertando apenas agora para a prática do bem que o Evangelho ensina.

3. Que os trabalhadores da primeira hora são os profetas e Moisés, que os trabalhadores das horas seguintes são os apóstolos, os mártires, os Pais da Igreja, os sábios e os filósofos, e que os trabalhadores da última hora são os espíritas.

4. Que os trabalhadores que vieram depois aprendem com o trabalho daqueles que vieram antes.

5. Que muitos entre os primeiros trabalhadores reencarnaram em meio aos espíritas, e podem colaborar mais devido ao adiantamento já conseguido, retomando o trabalho que começaram em encarnações anteriores.

6. Que os espíritas têm por missão espalhar o conceito de reencarnação e de elevação dos espíritos de acordo com seu merecimento, pregando sempre a palavra divina.

7. Que nós, espíritas, temos o dever de lutar contra a injustiça e a iniquidade, usando palavras de consolação, de fraternidade, de esperança e de paz.

8. Que devemos crer nos fenômenos mediúnicos mesmo que nunca os tenhamos presenciado.

9. Que devemos esforçar-nos por remover do coração dos homens as impurezas que os afastam de Deus.

10. Que é missão dos espíritas levar a palavra divina a todos, grandes e pequenos, quer eles a aceitem ou não.

11. Que muitos espíritas se desviam do caminho certo, e que devemos ter cuidado para que isso não aconteça conosco.

12. Que podemos reconhecer os que continuam no bom caminho pelos princípios da verdadeira caridade que eles ensinam e praticam, pelo grande número de aflitos que eles consolam, por seu desinteresse pessoal, pelo amor que têm ao próximo, e por seguirem sinceramente a lei de Deus.

13. Que serão felizes os que trabalharem pela obra divina, unindo seus esforços ao de seus irmãos.

14. Que serão felizes os que tiverem piedade do próximo, os que ampararem e ajudarem os outros, os que não buscarem sua recompensa nos prazeres terrenos e na satisfação do próprio orgulho.

15. Que Deus sabe separar os que têm dedicação sincera daqueles cuja dedicação é apenas aparente.

CAPÍTULO 21

HAVERÁ FALSOS CRISTOS E FALSOS PROFETAS

Conhece-se a árvore pelo seu fruto

A árvore que produz maus frutos não é boa e a árvore que produz bons frutos não é má; assim sendo, conhece-se a árvore pelo seu fruto. Não se colhem figos nos espinheiros, nem cachos de uvas no mato. O homem de bem tira coisas boas do bom tesouro do seu coração e o mau tira coisas más do mau tesouro do seu coração, uma vez que a boca fala daquilo que está no coração. (Lucas, capítulo 6, versículos 43 a 45)

Tenham cuidado com os falsos profetas que os procuram cobertos de pele de cordeiro e que por dentro são lobos ladinos. Vocês podem conhecê-los pelos seus frutos. Uvas podem ser colhidas nos espinheiros ou figos no mato? Assim, toda árvore boa dá bons frutos e toda árvore má dá maus frutos. Uma árvore boa não pode produzir frutos maus e uma árvore má não pode produzir frutos bons. Toda árvore que não dá bons frutos será cortada e jogada ao fogo. Vocês podem conhecê-la, pois, pelos seus frutos. (Mateus, capítulo 7, versículos 15 a 20)

Tenham cuidado para que alguém não os engane; porque muitos virão em meu nome, dizendo: "Eu sou o Cristo", e enganarão a muitos.

> Aparecerão muitos falsos profetas que enganarão a muitas pessoas; e porque a maldade estará abundante, a caridade de muitos esfriará. Mas aquele que perseverar até o fim se salvará.
>
> Então, se alguém lhes disser: "O Cristo está aqui, ou está ali", não acreditem de jeito nenhum, uma vez que aparecerão falsos Cristos e falsos profetas que farão grandes prodígios e coisas de espantar, a ponto de enganarem, se fosse possível, os próprios escolhidos. (Mateus, capítulo 24, versículos 4, 5, 11 a 13, 23 e 24; Marcos, capítulo 13, versículos 5, 6, 21 e 22)

Profeta, no sentido evangélico, é um enviado de Deus com a missão de instruir a humanidade e revelar as coisas ocultas e os mistérios da vida espiritual. Como muitos têm também o dom de predizer o futuro, esse dom passou a ser atribuído aos profetas, embora nem todos o tenham.

Todo fenômeno que parece, para muitas pessoas, sobrenatural ou milagroso, pode nada mais ser do que a aplicação das leis da natureza. Assim, na medida em que a ciência progride, muitos acontecimentos classificados como milagres passam a ser compreendidos e explicados.

Em todas as épocas sempre houve pessoas que exploraram certos conhecimentos que possuíam para dominar os outros, para conseguir prestígio, e/ou para se dizer enviados de Deus. São esses os falsos cristos e os falsos profetas a que se referiu Jesus, e a eles o avanço da ciência vem desmascarando através dos tempos, ao mostrar que, na verdade, o que faziam não eram milagres.

E há uma outra categoria ainda mais perigosa de falsos profetas: os espíritos desencarnados enganadores, aqueles que se fazem passar por outros, que se fingem de sábios e transmitem ideias absurdas. O verdadeiro profeta, no entanto, pode ser reconhecido por suas qualidades morais e espirituais e pela qualidade de suas obras, muito mais do que por seus supostos milagres.

E o espiritismo também não opera prodígios ou milagres. Ele apenas revela leis da natureza até então desconhecidas, que regem as relações entre os mundos material e espiritual.

Neste capítulo, os espíritos ensinam:

1. Que a melhor maneira de distinguir o falso do verdadeiro profeta é o exame de suas obras e de suas virtudes.

2. Que devemos desconfiar dos que se dizem donos da verdade.

3. Que os enviados de Jesus com a missão de propagar sua doutrina seguem seu exemplo, sendo brandos, humildes e modestos, sem nenhum orgulho.

4. Que a grandeza ou inferioridade de alguém pode ser medida pelos seus atos.

5. Que devemos abrir o coração aos ensinamentos do espiritismo e procurar progredir sempre.

6. Que devemos desconfiar dos falsos profetas, procurando reconhecê-los e desmascará-los.

7. Que os verdadeiros profetas, aqueles que têm por missão ajudar-nos a progredir, são espíritos superiores, mais adiantados tanto em inteligência quanto em qualidades morais.

8. Que os verdadeiros profetas são reconhecidos por seus atos, enquanto que os falsos se anunciam a todos como enviados de Deus.

9. Que muitos impostores, em vários pontos do planeta, se dizem enviados de Deus.

10. Que há falsos profetas também entre os desencarnados, e que eles enganam os médiuns, fingindo serem quem não são.

11. Que esses falsos profetas desencarnados semeiam discórdia e desunião, e que podem ser desmascarados por essas suas atitudes.

12. Que podemos reconhecer esses falsos profetas simplesmente usando a razão para analisar suas comunicações, e que devemos repeli-los sempre.

13. Que, quando uma verdade tem que ser revelada aos homens, essa revelação costuma ser feita a vários grupos e médiuns sérios ao mesmo tempo.

14. Que os médiuns e os grupos que considerem ter o privilégio exclusivo de receber comunicações de um espírito supostamente elevado, na verdade estão obsediados por algum falso profeta desencarnado.

15. Que nós, espíritas, devemos ter muita prudência com as comunicações que recebemos e aprender a distinguir os bons dos maus espíritos, para não nos tornarmos, nós também, falsos profetas.

CAPÍTULO 22

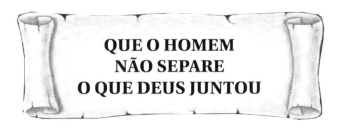

QUE O HOMEM NÃO SEPARE O QUE DEUS JUNTOU

Também os fariseus vieram a Ele para O tentarem e lhe disseram: "Será permitido a um homem despedir sua mulher, por qualquer razão?". Ele respondeu: "Não sabes que aquele que criou o homem desde o início criou o macho e a fêmea e disse: "Por isso deixará o homem seu pai e sua mãe e unir-se-á à sua mulher, e serão os dois uma só carne?". Assim, já não serão duas, mas uma só carne. Que o homem não separe o que Deus juntou.

"Mas por que então", retrucaram eles, "Moisés ordenava que o homem desse à sua mulher um documento de separação e a despedisse?". Jesus respondeu: "Foi devido à dureza do coração de vocês que Moisés permitiu que despedísseis as suas mulheres; mas no início não foi assim. Por isso, eu lhes digo que aquele que despede sua mulher, a não ser em caso de adultério, e casa com outra, comete adultério; e que aquele que casa com a mulher que outro despediu também comete adultério". (Mateus, capítulo 19, versículos 3 a 9)

Só é imutável o que vem de Deus. Todas as obras dos homens podem sofrer mudanças. As leis da natureza são e sempre foram as mesmas; já as leis humanas mudam de acordo com os tempos, os lugares e o progresso da inteligência. As leis que regem o casamento são leis dos homens, e a prova disso é que elas são diferentes de um país para o outro, e que também mudam com o passar do tempo.

Mas as leis que regem o amor são leis divinas, e, por isso mesmo, são imutáveis. Nenhuma lei humana pode estar acima da lei de Deus. Assim, quando Jesus diz que não podemos "separar o que Deus uniu", ele se refere à lei do amor, e não à lei humana do casamento.

Essa lei humana, entretanto, é útil e necessária, embora muito variável. Ela deve existir para regular as relações entre os homens, e porque não podemos viver como selvagens. Mas nada impede que ela esteja de acordo com a lei divina.

Desse modo, casamentos realizados por interesse e sem amor podem perfeitamente ser desfeitos sem que a lei de Deus seja desobedecida. O divórcio, quando acontece, vem apenas separar legalmente o que já está separado de fato, e por isso não é contrário à lei divina.

O próprio Jesus, ao dizer aos fariseus que havia sido por causa da dureza dos corações deles que Moisés havia permitido que se separassem de suas mulheres, quis dizer que, se o amor entre os esposos não estava presente no casamento, a separação poderia ser necessária. E, quando Ele disse que no princípio não havia sido assim, quis dizer que, no início da humanidade, quando os homens ainda não eram dominados pelo orgulho e pelo egoísmo e seguiam a lei de Deus, as uniões eram baseadas no amor, e por isso separações não aconteciam. E disse mais: que a separação pode ser causada pela traição (adultério). Uma vez que não pode haver traição quando há amor verdadeiro, nesse caso também a separação não contraria a lei de Deus.

CAPÍTULO 23

MORAL ESTRANHA

Odiar os pais

> Como atrás Dele seguisse grande massa de povo, Jesus voltou-Se e lhes disse: "Se alguém vem a mim e não odeia seu pai e sua mãe, sua mulher e seus filhos, seus irmãos e irmãs, ou mesmo sua própria vida, não pode ser meu discípulo. Assim, aquele dentre vocês que não renunciar a tudo o que tem não pode ser meu discípulo". (Lucas, capítulo 14, versículos 25 a 27 e 33)

> Aquele que ama a seu pai e sua mãe mais do que a mim, não é digno de mim. (Mateus, capítulo 10, versículo 37)

Os evangelhos foram escritos muito tempo depois da morte de Cristo. Além disso, ao serem traduzidos de uma para outra língua, o sentido de muitas palavras pode ter sido distorcido. É o que acontece com o texto bíblico aqui reproduzido, e também com muitos outros textos evangélicos bastante conhecidos. Afinal, a língua hebraica não era rica, e muitas de suas palavras possuíam vários significados. O termo 'odiar' desta passagem de Lucas, portanto, não tem o sentido que conhecemos. Jesus jamais recomendaria a alguém que 'odiasse' pessoa alguma, menos ainda seus pais e sua família.

Para interpretarmos muitas passagens do Evangelho, temos que levar em conta os costumes e o caráter dos povos da época, além do sentido particular de seus idiomas. Por essa razão, uma tradução literal nem sempre exprime o pensamento real. Para uma expressão fiel desse pensamento numa tradução, muitas vezes é necessário empregar termos que não são a tradução exata dos termos originais.

Abandonar pai, mãe e filhos

> Aquele que tiver deixado, pelo meu nome, sua casa, seus irmãos ou suas irmãs, seu pai ou sua mãe, ou sua mulher, ou seus filhos, ou suas terras, receberá o cêntuplo de tudo isso e terá a vida eterna por herança. (Mateus, capítulo 19, versículo 29)

> Então, disse-Lhe Pedro: "Quanto a nós, vês que deixamos tudo e Te seguimos". Jesus lhe observou: "Em verdade lhes digo que ninguém deixará, pelo reino de Deus, sua casa, ou seu pai, ou sua mãe, ou seus irmãos, ou sua mulher, ou seus filhos, que não receba, já neste mundo, muito mais, e no próximo século a vida eterna. (Lucas, capítulo 17, versículos 28 a 30)

> Disse-Lhe outro: "Senhor, eu Te seguirei; mas permite que antes eu aproveite as coisas que possuo em minha casa". Jesus lhe respondeu: "Quem quer que, tendo posto a mão no arado, olhar para trás, não está apto para o reino de Deus". (Lucas, capítulo 9, versículos 61 e 62)

As palavras dessas passagens também não devem ser lidas ao pé da letra, porque não estariam de acordo com a doutrina pregada por Jesus, que ensina a valorização do amor entre os homens e entre as famílias. Devemos compreender seu sentido, que é: os interesses da vida futura devem ser mais importantes que todos os interesses humanos.

Cristo quis nos mostrar, com isso, que há deveres mais importantes que outros, e que temos o dever principal de nos prepararmos para a vida futura. A própria separação dos nossos entes queridos é muitas vezes necessária ao progresso moral (nosso e deles). Afinal, os verdadeiros laços de afeição são espirituais e não físicos – portanto, não podem se romper com a separação física e nem mesmo pela morte do corpo.

Deixar aos mortos a tarefa de enterrar seus mortos

> Disse a outro: "Segue-me". E o outro respondeu: "Senhor, deixe-me primeiro enterrar meu pai". Jesus lhe respondeu: "Deixa aos mortos a tarefa de enterrar seus mortos; quanto a ti, vai anunciar o reino de Deus". (Lucas, capítulo 9, versículos 59 e 60)

É claro que, ao dizer "deixa aos mortos o cuidado de enterrar seus mortos" (e pelas mesmas razões que já citamos), Jesus não quis condenar o desejo de um filho de enterrar seu pai. O sentido dessa passagem é muito profundo. Só pode compreendê-lo quem tem um conhecimento mais completo da vida espiritual, e que sabe que esta é a verdadeira vida, a vida normal do espírito.

Nós, espíritas, sabemos que o corpo é apenas uma 'embalagem' do espírito, grosseira e passageira, uma verdadeira 'prisão' da qual nos sentiremos felizes ao nos vermos livres. Assim, o que Jesus quis dizer nessa passagem é que o respeito pelos mortos não deve ser dirigido à matéria (ou ao corpo morto), mas sim ao espírito. O que Ele recomendou foi que não devemos nos preocupar com o corpo, mas sim pensar no espírito, ensinando às pessoas à nossa volta que a verdadeira vida é a vida espiritual.

Não vim trazer a paz, mas a divisão

> Não pensem que eu tenha vindo trazer a paz à Terra; não vim trazer a paz, mas sim a espada; já que vim separar o filho de seu pai, a filha de sua mãe, a nora de sua sogra; e o homem terá como inimigos aqueles de sua própria casa. (Mateus, capítulo 10, versículos 34 a 36)

> Vim para lançar fogo à Terra; e o que desejo eu, senão que ele se acenda? Tenho que ser batizado com um batismo, e como desejo que ele se cumpra!
>
> Vocês pensam que eu vim trazer paz à Terra? Não, eu vos afirmo; ao contrário, vim trazer a divisão; pois, daqui em diante, se cinco pessoas estiverem numa casa, elas estarão divididas umas contra as outras; três contra duas e duas contra três. O pai estará em divisão com o filho e o filho com o pai, a mãe com a filha e a filha com a mãe, a sogra com a nora e a nora com a sogra. (Lucas, capítulo 12, versículos 49 a 53)

Será possível que Jesus, a bondade e a doçura em pessoa, que sempre pregou o amor ao próximo, tenha dito palavras como essas? Sim, foi Ele mesmo que disse isso, e essas palavras na verdade demonstram sua imensa sabedoria.

Jesus veio à Terra para pregar uma ideia nova – que, como toda ideia nova, iria sofrer muita oposição, contrariar muitas antigas crenças, desagradar, incomodar e enfurecer muita gente. Sua doutrina mudaria tudo, e por isso Ele foi sacrificado. Seus opositores acharam que, ao matar Jesus, matariam também Suas ideias, mas não foi isso o que aconteceu, porque Suas ideias sobrevivem fortes até hoje.

Entretanto, muitos foram os que combateram Seus ensinamentos, muitas foram as lutas que Seus apóstolos tiveram que travar, muitas foram as vítimas dessas lutas em favor das verdades que o Cristo trazia. Grandes interesses materiais começaram a ser contrariados, os defensores do erro foram inúmeros, mas era chegado o tempo certo para a propagação dessas novas ideias, e por isso elas prevaleceram e prosperaram.

Infelizmente, com o tempo, os adeptos da nova doutrina deram interpretações diversas às palavras de Jesus, e numerosas seitas (que até hoje não se entenderam) surgiram daí. Muitas, inclusive, deixaram de lado a essência dos ensinamentos do Cristo – caridade, fraternidade e amor ao próximo – e começaram a brigar entre si, tentando esmagar a todos que não pertenciam a seus quadros.

Então surgiram fogueiras, torturas e guerras religiosas... e tudo isso em nome de Deus!

Mas a culpa disso será da doutrina cristã? É claro que não. Jesus jamais pregou a discórdia; suas palavras sempre foram de união e amor. Ele sempre disse que todos os homens são irmãos, que devemos amar ao próximo e também aos nossos inimigos, que é nosso dever fazer o bem a todos, incluindo aqueles que nos perseguem. A culpa, portanto, não é da doutrina cristã, mas das interpretações erradas (e sempre de acordo com interesses pessoais) que os homens acabaram dando a ela. No entanto, era inevitável que isso acontecesse, por causa da inferioridade da natureza humana.

Então, quando Cristo disse que não veio para trazer a paz, mas sim a divisão, estava querendo dizer que Sua doutrina não iria se estabelecer na Terra de maneira pacífica. Ele estava se referindo a acontecimentos como as lutas sangrentas entre pessoas de diferentes crenças, muitas vezes pertencendo à mesma família, que passaram a ser feitas em nome dessa doutrina. Quando Ele disse que veio "para lançar fogo à Terra", estava querendo dizer que Sua mensagem viria para purificar o planeta, como o fogo livra um campo das ervas daninhas.

E depois disso Jesus nos enviaria o Consolador, o Espírito de Verdade, que é o espiritismo. O espiritismo então veio para explicar o verdadeiro sentido das palavras do Cristo e para realizar Suas promessas, procurando trazer todos para a prática da caridade. E, da mesma forma que Jesus, o espiritismo tem que enfrentar o egoísmo, o orgulho, a ambição e o fanatismo cego, que lhe trazem grandes dificuldades e perseguições. Mas as lutas atuais, que são lutas morais, em breve serão vencidas.

CAPÍTULO 24

NÃO COLOQUEM A LÂMPADA DEBAIXO DA MESA

Lâmpada debaixo da mesa. Porque Jesus fala por parábolas

Ninguém acende uma lâmpada para colocá-la debaixo da mesa; ao contrário, ela é colocada numa luminária, para que ilumine a todos os que estejam na casa. (Mateus, capítulo 5, versículo 15)

Não há ninguém que, após ter acendido uma lâmpada, a cubra com um vaso, ou a coloque embaixo da cama; colocam-na numa luminária no teto, para que os que entrem vejam a luz; pois não há nada secreto que não acabe sendo descoberto, nem nada oculto que não acabe conhecido e que não apareça publicamente. (Lucas, capítulo 8, versículos 16 e 17)

Aproximando-se, perguntaram-Lhe os discípulos: "Por que falas por parábolas?". E Ele lhes respondeu: "É porque, a vocês, foi dado conhecer o reino dos céus; mas, a eles, isso não foi dado. Porque, àquele que já possui, mais será dado e ele ficará na abundância; àquele, no entanto, que nada possui, mesmo o que tem lhe será tirado. Falo-lhes por parábolas, porque, vendo, eles não veem e, ouvindo, eles não escutam e não entendem. E neles se cumprirá a profecia de Isaías, que diz: ouvireis com os vossos ouvidos e não escutareis; olhareis com os vossos olhos e não vereis. Porque o coração desse povo ficou pesado, e seus ouvidos ficaram surdos e fecharam os olhos para que seus olhos não vejam e seus ouvidos não ouçam, para que seu coração não compreenda e para que, tendo-se convertido, eu não os cure". (Mateus, capítulo 13, versículos 10 a 15)

Colocar a lâmpada debaixo da mesa significa ocultar a luz. Poderíamos estranhar que Jesus diga isso, que não se deve colocar "a lâmpada debaixo da mesa", quando ele próprio muitas vezes ocultava o sentido de suas palavras através do simbolismo das parábolas.

Então, se não se deve colocar "a lâmpada debaixo da mesa", por que é que Jesus falava por parábolas? A última passagem de Mateus responde a essa pergunta. Nela, Jesus explica que precisava falar dessa forma para que as pessoas de sua época, ainda pouco desenvolvidas e maduras, pudessem entender o que dizia. Tudo tem que acontecer no momento certo. Isso significa que, mais cedo ou mais tarde, todas as verdades serão compreendidas e os próprios homens (na medida em que forem evoluindo e amadurecendo) buscarão eles próprios essas verdades.

Muitas religiões sempre fizeram questão de manter mistérios, proibindo aos seus fieis que os examinem ou questionem, com o objetivo de dominá-los. Isso é colocar "a lâmpada debaixo da mesa", ou seja, ocultar a verdade. Mas a ciência e a inteligência do homem têm avançado para cumprir as palavras de Jesus, quando disse que "não há nada secreto que não acabe sendo descoberto". Na Terra ainda há muito por ser revelado, mas, quanto mais adiantado o mundo, mais mistérios se encontram desvendados.

Ao falar com o povo menos adiantado, Jesus usava muito as parábolas, embora pontos importantes como a caridade e a humildade como condições básicas da salvação sempre fossem abordadas de forma muito clara e que não causasse qualquer tipo de confusão nas pessoas mais simples. Já quando falava com seus discípulos (mais adiantados que a gente comum) podia falar de forma mais complexa, e por isso afirmou que "àquele que já possui, mais será dado".

Muitas coisas, entretanto, nem aos discípulos foram reveladas de maneira precisa, e só a ciência e o espiritismo acabariam por revelá-las mais tarde. Mas é claro que nem tudo ainda nos foi revelado, e há uma razão muito lógica para isso: cada coisa tem que vir no momento oportuno, cada ideia precisa amadurecer, espalhar-se e ser aceita antes que uma nova ideia possa surgir.

Não vão se encontrar com os pagãos

> Jesus mandou seus doze apóstolos, depois de ter lhes dado as seguintes instruções: "Não procurem os pagãos e não entrem na cidade dos samaritanos; vão, antes, à procura das ovelhas perdidas da casa de Israel; e, nos lugares onde vocês forem, preguem, dizendo que o reino dos céus está próximo". (Mateus, capítulo 10, versículos 5 a 7)

Nessa passagem de Mateus, Jesus diz aos discípulos que, antes de se preocuparem com os pagãos (ou seja, aqueles que não tinham nenhuma noção das verdades divinas), deveriam ir primeiro "à procura das ovelhas perdidas da casa de Israel" (ou seja, dos judeus, que já acreditavam num Deus único e já esperavam o Messias), o que era uma tarefa menos pesada para o início do trabalho. O mesmo pode ser dito aos espíritas, que devem primeiro disseminar a doutrina entre as pessoas de boa-vontade, aquelas mais preparadas para receber a mensagem divina, deixando para uma segunda etapa os mais incrédulos e resistentes (que também acabarão, no momento certo, sendo convencidos).

Não são os que têm saúde que precisam de médico

> Estando Jesus à mesa em casa desse homem (Mateus), chegaram muitos publicanos e pessoas de má vida, que se sentaram à mesa com Jesus e seus discípulos; o que fez com que os fariseus, notando isso, dissessem aos seus discípulos: "Como é que seu mestre come com publicanos e gente de má vida?". Tendo-os ouvido, disse-lhes Jesus: "Não são os que têm saúde que precisam de médico". (Mateus, capítulo 9, versículos 10 a 12)

Jesus procurava sempre estar mais próximo daqueles que mais precisavam Dele: os pobres, os sofredores, e os ignorantes das verdades divinas. E isso pode se aplicar ao espiritismo, no caso da mediunidade. Há quem estranhe que as faculdades mediúnicas sejam, muitas vezes, concedidas a pessoas indignas e que são capazes de fazer uso errado delas, mas isso não é nada estranho. A mediunidade é uma característica orgânica (como ver, ouvir, falar), e qualquer um pode possuí-la. Temos a liberdade de escolher de que forma usar todas as nossas capacidades (inclusive a mediunidade), e seremos punidos se abusarmos delas.

A mediunidade é concedida a ricos e pobres, bons e maus, e sempre tem um fim útil para quem a possui. Ela pode, por exemplo, servir de ajuda ao homem mau, porque o aproxima dos bons conselhos e das boas orientações dos espíritos superiores. E, se ele usar de forma errada essa sua mediunidade, pode perdê-la ou acabar vítima dela, obsediado por espíritos das trevas. Afinal, a mediunidade é uma aptidão para comunicar-se com espíritos, sejam eles bons ou maus. Tudo vai depender da vontade e das qualidades morais de cada médium.

A coragem da fé

> Aquele que Me assumir e Me reconhecer na frente dos homens, eu também o assumirei e reconhecerei diante de meu Pai que está nos céus; e aquele que me renegar na frente dos homens, também eu o renegarei diante de meu Pai que está nos céus. (Mateus, capítulo 10, versículos 32 e 33)

> Se alguém se envergonhar de mim e das minhas palavras, o Filho do homem também dele se envergonhará, quando vier na sua glória e na de seu Pai e dos santos anjos. (Lucas, capítulo 9, versículo 26)

Renegar a própria opinião, por medo das consequências, é sempre prova de fraqueza. Mas há casos em que é mais que fraqueza: é covardia, é como fugir do bom combate por uma causa justa. Jesus então nos lembra que, se tivermos medo ou vergonha de assumir nossa crença e nossas convicções em sua doutrina, não seremos dignos do reino dos céus. O mesmo acontece com os adeptos do espiritismo, que semeiam na Terra o que vão colher na vida espiritual, sejam frutos da sua coragem ou da sua covardia.

Carregar sua cruz. Quem quiser salvar a vida, vai perdê-la

> Bem felizes vocês serão, quando os homens os odiarem e separarem, quando os tratarem de forma maldosa, quando repelirem seu nome como mau, por causa do Filho do homem. Comemorem nesse dia e fiquem em imensa alegria, porque uma grande recompensa está reservada para vocês no céu, uma vez que era assim que os pais deles tratavam os profetas. (Lucas, capítulo 6, versículos 22 e 23)

> Chamando para junto de si o povo e os discípulos, a eles disse: "Se alguém quiser vir comigo, renuncie a si mesmo, pegue a sua cruz e siga-me; já que aquele que quiser salvar a si mesmo, vai se perder; e aquele que se perder por amor a mim e ao Evangelho se salvará. Com efeito, de que adiantaria a um homem ganhar o mundo inteiro e perder-se a si mesmo?". (Marcos, capítulo 8, versículos 34 a 36; Lucas, capítulo 9, versículos 23 a 25; Mateus, capítulo 10, versículos 38 e 39; João, capítulo 12, versículos 25 e 26)

Ao contrário do que possamos imaginar, ser vítima de ódio ou de injustiça pode nos trazer felicidade. Isso porque, como disse Jesus, ao sermos de alguma forma maltratados ou injustiçados por alguém ganhamos uma ótima oportunidade de provar a sinceridade dos nossos princípios e da nossa fé. Ou seja, podemos ganhar pontos no céu. Sendo assim, é natural que a gente lamente a maldade dessa pessoa, mas nunca devemos amaldiçoá-la pelo mal que nos causou.

Ao dizer que devemos pegar nossa cruz e segui-lo, o Cristo estava nos recomendando a suportar de forma corajosa os sofrimentos que possamos ter por seguir seus ensinamentos, com a certeza de que receberemos recompensas futuras.

.

CAPÍTULO 25

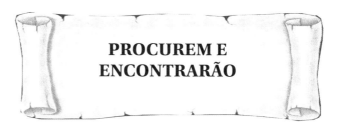

PROCUREM E ENCONTRARÃO

Ajude-se a si mesmo(a), que o céu o(a) ajudará

> Peçam e lhes será dado; procurem e encontrarão; batam à porta e ela se abrirá; uma vez que quem pede recebe e quem busca encontra e, para aquele que bata à porta, ela se abrirá.
> Qual o homem, entre vocês, que dá uma pedra ao filho que pede pão? Ou lhe dá uma serpente, se ele pedir um peixe? Ora, se vocês sabem dar coisas boas aos seus filhos, mesmo sendo maus como são, não é lógico que, com mais razão ainda, seu Pai que está nos céus dê os bens verdadeiros aos que os pedem a Ele? (Mateus, capítulo 7, versículos 7 a 11)

Dizer "procurem e encontrarão" é o mesmo que dizer "ajuda-te a ti mesmo, que o céu te ajudará". Isso resume a lei do trabalho, e também a lei do progresso, já que o progresso vem do trabalho. No início dos tempos, o homem usava a inteligência apenas para conseguir os meios de sobreviver. Mas Deus deu a ele o desejo incessante de melhorar, e desse desejo vieram progressos como os avanços da ciência, que proporcionam maior avanço ainda de sua inteligência e suas qualidades morais.

Apesar desses evidentes progressos coletivos, é difícil observarmos significativos progressos individuais ao longo de uma vida. Como pode, então, progredir a humanidade? Se as almas fossem sempre novas, se a evolução tivesse sempre que começar do zero, não poderia haver progresso coletivo. A explicação é a reencarnação: as almas reencarnam em novos corpos, sempre melhores e mais adiantadas do que foram antes, e assim se dá a evolução material e espiritual da coletividade humana.

E o trabalho é necessário a essa evolução, porque somos herdeiros de nossas próprias obras, ou seja, teremos o mérito e a recompensa por aquilo que tivermos feito. E é por isso que os espíritos não nos poupam de fazer esforços, nos dando tudo pronto. Esses esforços são necessários para o nosso adiantamento. Enfrentaremos obstáculos, que teremos que remover por nossa própria conta. Os espíritos nos dão a força necessária, mas cabe a nós decidir usá-la. Foi o que Jesus quis dizer com "pedi e vos será dado; procurai e encontrareis; batei à porta e ela se abrirá". Ou seja, sempre que pedirmos com fé e confiança, conseguiremos força, assistência e bons conselhos por parte dos espíritos, mas teremos que colaborar com nosso esforço e nosso trabalho.

Observem as aves do céu

Não juntem riquezas na Terra, onde a ferrugem e os vermes as destroem e onde os ladrões as desenterram e roubam; juntem tesouros no céu, onde nem os vermes nem a ferrugem os comem; porque, onde está o seu tesouro também aí está seu coração.

É por isso que lhes digo: não se inquietem por saber onde achar o que comer para sustento da sua vida, nem onde arranjar roupas para vestir seu corpo. Não é a vida mais do que o alimento, e o corpo mais do que as roupas?

Observem as aves do céu; não semeiam, não cultivam, não guardam nada em seus celeiros; mas seu Pai celestial as alimenta. Não são vocês muito mais do que elas? E qual de vocês, com todo o seu esforço, pode aumentar de um só centímetro a sua própria altura?

Por que, também, vocês se inquietam pelo vestuário? Observem como crescem os lírios dos campos: eles não trabalham, nem fiam. Mas eu digo a vocês que nem Salomão, em toda a sua glória, jamais se vestiu como eles. Ora, se Deus tem o cuidado de vestir dessa maneira a erva dos campos, que existe hoje e amanhã será jogada na fogueira, maior cuidado ainda terá ao vestir vocês, ó homens de pouca fé!

Não se inquietem, pois, dizendo: "o que comeremos?", ou: "o que beberemos?", ou ainda: "como nos vestiremos?", como fazem os pagãos que vivem procurando todas essas coisas; porque seu Pai sabe que vocês precisam delas.

Busquem primeiro o reino de Deus e a Sua justiça, que tudo isso será dado de acréscimo a vocês. Desse modo, pois, não fiquem inquietos pelo dia de amanhã, porque o amanhã cuidará de si. A cada dia basta o seu mal. (Mateus, capítulo 6, versículos 19 a 21 e 25 a 34)

Ao contrário do que pode parecer à primeira vista ao lermos essa passagem, Jesus não nos aconselhou a simplesmente ficarmos parados, passivamente esperando que as coisas caiam do céu. Ele quis nos dizer com essas palavras que podemos conwwfiar na Providência divina, que nunca abandona os que nela confiam, mas que temos que fazer a nossa parte, através do nosso trabalho e do nosso esforço. Deus conhece as nossas necessidades e procura atendê--las, mas muitas vezes desejamos mais que o necessário, e nesse caso podemos não ser atendidos.

A Terra é capaz de produzir o suficiente para alimentar todos os seus habitantes; a escassez e a fome são causadas por nossa incapacidade de administrar as riquezas de forma caridosa, justa e baseada no amor ao próximo. Quando a fraternidade predominar entre nós, todos terão o necessário e haverá o bastante para todos. Além disso, segundo nos aconselhou Jesus, devemos sempre dar mais importância aos bens espirituais que aos bens materiais.

Mas não há lei humana capaz de decretar a fraternidade e a caridade; o egoísmo vai vencer sempre, enquanto essas virtudes não morarem em nosso coração – e colocá-las lá é missão do espiritismo.

Não se esforcem pela posse das riquezas

> Não se esforcem por possuir ouro, ou prata, ou qualquer outra moeda em seus bolsos. Não preparem sacos para a viagem, nem dois trajes, nem sapatos, nem bengalas, porque o que trabalha merece o próprio sustento.
>
> Quando vocês entrarem em qualquer cidade ou povoado, procurem saber quem é digno de hospedá-los e fiquem na casa dele até partirem de novo. Entrando na casa, façam a seguinte saudação: "Que a paz esteja nesta casa". Se a casa for digna disso, a paz de vocês irá para ela; se não for, sua paz voltará para vocês.
>
> Quando alguém não queira recebê-los, e nem escutá-los, ao sair dessa casa ou cidade limpem a poeira de seus pés. A vocês digo em verdade: Sodoma e Gomorra terão tratamento menos rigoroso que essa cidade. (Mateus, capítulo 10, versículos 9 a 15)

Dizendo isso, o Cristo quis mais uma vez garantir aos seus discípulos que poderiam confiar na Providência. Quis também dizer que, se eles nada possuíssem, não poderiam despertar a cobiça de quem os hospedasse. E que assim seria possível distinguir os egoístas e interesseiros dos caridosos, já que o hóspede não teria como pagar pela hospedagem.

Desse modo, os caridosos (ou aqueles que oferecessem abrigo mesmo sem receber nada por isso) seriam dignos de ouvir seus votos de paz. Mas Jesus não aconselhou aos discípulos que reagissem contra aqueles que não quisessem recebê-los; aconselhou simplesmente que eles fossem embora, e que procurassem pessoas de boa vontade.

E é isso também que o espiritismo pede a seus adeptos: que não procurem forçar ninguém a converter-se a essa crença, que respeitem os que pensam de maneira diferente, que acolham com bondade aos que os procurem e que não reajam contra os que os rejeitem.

CAPÍTULO 26

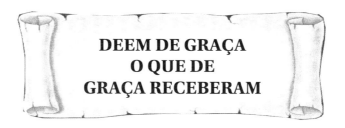
DEEM DE GRAÇA O QUE DE GRAÇA RECEBERAM

Dom de curar

> Devolvam a saúde aos doentes, ressuscitem os mortos, curem os leprosos, expulsem os demônios. Deem de graça o que de graça receberam. (Mateus, capítulo 10, versículo 8)

Não podemos cobrar por coisas pelas quais também não pagamos. Assim, o dom de curar e outras capacidades mediúnicas, recebidas gratuitamente, não podem se transformar em objeto de cobrança e comércio, nem se tornar um meio de ganhar a vida.

Orações pagas

> Em seguida disse então aos Seus discípulos, na frente de todo o povo que O escutava: "Cuidado com os escribas que se exibem por aí com longas túnicas, que gostam de ser saudados nas praças públicas e de ocupar os primeiros assentos nas sinagogas e os primeiros lugares nas festas. Que, com a desculpa de longas preces, exploram as casas das viúvas. Estes receberão condenação mais ri-

gorosa. (Lucas, capítulo 20, versículos 45 a 47; Marcos, capítulo 12, versículos 38 a 40; Mateus, capítulo 23, versículo 14)

A oração é um ato de caridade, que deve vir do fundo do coração, e ninguém pode cobrar por isso. Deus não vende os benefícios que nos dá e nem autoriza pessoa alguma a estabelecer preço para a Sua justiça, que existe para todos, pobres e ricos. Orações pagas, portanto, não têm valor. Não se pode encomendar preces; nós mesmos devemos fazê-las, e nosso fervor é que as torna eficazes.

Comerciantes expulsos do templo

> A seguir eles vieram a Jerusalém, e Jesus, ao entrar no templo, começou a expulsar dali os que vendiam e compravam; derrubou as mesas dos cambistas e os bancos dos vendedores de pombos, e não deixou que ninguém transportasse qualquer objeto pelo templo. Ao mesmo tempo, ensinava a eles, dizendo: "Não está escrito que minha casa será chamada casa de oração por todas as nações? Mas fizestes dela um covil de ladrões!". Ao ouvirem isso, os príncipes dos sacerdotes procuravam um jeito de O perderem, pois O temiam, uma vez que o povo inteiro estava tomado de admiração por Sua doutrina. (Marcos, capítulo 11, versículos 15 a 18; Mateus, capítulo 21, versículos 12 a 13)

O ato de Jesus, ao expulsar os comerciantes do templo, simboliza a condenação absoluta da venda de coisas santas, como a bênção e o perdão de Deus ou a entrada no reino dos céus.

Os médiuns receberam seus dons de maneira gratuita. Como intérpretes dos espíritos, eles têm por missão colaborar para a instrução dos homens e mostrar a todos o caminho do bem e da fé. Eles não podem vender mensagens, já que elas não são resultado de seu esforço e do seu trabalho (eles são apenas intermediários de algo que vem do céu). Além do mais, Deus quer que as verdades divinas cheguem a ricos e pobres, independentemente de sua possibilidade de pagar. E é por isso que a mediunidade não é um privilégio e existe em todo lugar.

Os bons espíritos jamais aceitariam comunicar-se através de médiuns que comercializam a própria mediunidade, que cobram por seus 'serviços'. Afinal, a primeira condição para ter a colaboração deles é a humildade, a abnegação e o total desinteresse moral e material. Apenas os espíritos inferiores se prestam a esse tipo de comunicação interesseira, que nunca é séria ou sincera.

A mediunidade, portanto, não pode ser uma profissão, já que é bem diferente do talento conseguido através do estudo e do trabalho. Ela não existe sem a colaboração dos espíritos, e pode ser tirada a qualquer momento. Ela não pertence ao médium, e por isso ele não pode dispor dela. Conforme o espiritismo ensina, a mediunidade é uma missão.

Toda mediunidade é santa, e assim deve ser praticada. Mas isso é ainda mais verdadeiro no caso da mediunidade de cura. O médium curador transmite o fluido dos bons espíritos, e isso não pode ser vendido. Mesmo sendo muito pobres, nem Jesus nem seus apóstolos cobravam pelas curas que faziam.

Assim sendo, os médiuns devem buscar seu sustento em outra atividade, nunca na mediunidade, a ela dedicando o tempo que lhes for possível.

CAPÍTULO 27

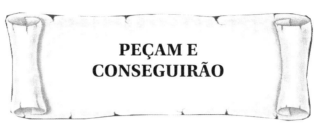
PEÇAM E CONSEGUIRÃO

Qualidades da prece

Quando vocês orarem, não façam como os hipócritas, que de propósito rezam de pé nas sinagogas e nos cantos das ruas para serem vistos pelos outros. Digo a vocês, em verdade, que eles já receberam sua recompensa. Quando vocês quiserem rezar, entrem em seu quarto e fechem a porta, e então orem ao Pai em segredo; e o Pai, que vê tudo o que acontece em segredo, lhes dará a recompensa.

Não se preocupem em pedir muito em suas preces, como fazem os pagãos, que imaginam que, pelo grande número de palavras, é que serão atendidos. Não se tornem parecidos com eles, porque o Pai sabe das suas necessidades, antes que peçam e Ele. (Mateus, capítulo 6, versículos 5 a 8)

Quando vocês forem orar, se tiverem alguma coisa contra alguém, perdoem essa pessoa, a fim de que o Pai, que está nos céus, também perdoe os seus pecados. Se vocês não perdoarem, o Pai, que está nos céus, também não perdoará os seus pecados. (Marcos, capítulo 11, versículos 25 e 26)

Também contou esta parábola a alguns que se achavam muito justos, e que desprezavam os outros: "Dois homens subiram ao templo para orar; um era fariseu e o outro era publicano. O fariseu, permanecendo de pé, rezava assim, consigo mesmo: *Meu Deus, te dou graças por eu não ser como os outros homens, que são ladrões, injustos e adúlteros, nem mesmo como esse publicano. Faço jejum duas vezes por semana; dou dízimo de tudo o que tenho.* O publicano, ao contrário, permanecendo afastado, não ousava nem mesmo erguer os olhos para o céu, mas batia no peito, dizendo: *Meu Deus, tem piedade de mim, que sou um pecador.* Pois lhes digo que este voltou para sua casa perdoado, e o outro não. Pois o que se eleva será rebaixado e o que se humilha será elevado. (Lucas, capítulo 18, versículos 9 a 14)

Todos esses trechos do Evangelho ensinam uma coisa fundamental: como devemos orar. Conforme orientou Jesus, ao orar não devemos fazer propaganda disso; orar em segredo é melhor aos olhos de Deus. A oração não precisa ser longa nem complicada, pois o que conta não é a quantidade de palavras, mas a sinceridade e o fervor. Antes de orarmos, devemos perdoar os nossos adversários, para que Deus também nos perdoe. E, por fim, em nossas orações devemos fazer um exame de consciência com o objetivo de reconhecer nossos erros e defeitos, assumindo sempre uma atitude de humildade.

Eficácia da oração

O que quer que vocês peçam na prece, acreditem que o conseguirão e lhes será dado aquilo que vocês pedirem. (Marcos, capítulo 11, versículo 24)

Há quem pense que orar não adianta, porque Deus conhece nossas necessidades e porque o universo seria regido por leis imutáveis, que não poderiam ser alteradas por um simples pedido nosso. É claro que essas leis existem, mas há muita coisa na vida que pode ser alterada dependendo de nossas atitudes. Se não fosse assim, nós seríamos seres passivos, sem iniciativa e livre-arbítrio, o que não é verdade. É perfeitamente possível, portanto, que Deus atenda a certos pedidos nossos, sem ferir nenhuma lei imutável.

Mas quando Jesus diz que o que quer que a gente peça na prece, acreditando que vai conseguir, acaba mesmo conseguindo, não está dizendo que Deus vai atender a tudo, sem julgar se é para o nosso bem. Como vemos apenas o presente, muitas vezes não entendemos que Deus pode não nos livrar de algum sofrimento, porque esse sofrimento vai ser útil para nossa felicidade futura. É como o cirurgião que deixa que seu paciente sofra as dores de uma operação, com o objetivo maior de curá-lo.

Porém, se pedirmos com confiança, Deus sempre nos dará coragem e força para enfrentarmos as situações difíceis, além de paciência e resignação. Também nos enviará inspiração e boas ideias através dos bons espíritos, esperando que façamos a nossa parte. A máxima "Ajuda-te que o céu te ajudará" resume bem isso. O que não adianta é querermos ser socorridos por milagre, sem termos que fazer o mínimo esforço. Até porque, para a salvação ter valor, o mérito tem que ser nosso.

Ação da prece. Transmissão do pensamento

A prece é uma invocação, através da qual nosso pensamento se comunica com os espíritos superiores. Podemos orar para pedir alguma coisa, para agradecer ou para glorificar; podemos orar por nós mesmos ou por outras pessoas, pelos vivos e pelos mortos.

A ação da prece é explicada pelo espiritismo, e se dá através da transmissão do pensamento. Todos os seres, encarnados e desencarnados, estão mergulhados no fluido universal, que preenche todos os espaços. O pensamento é transmitido através desse fluido. Quando dirigimos o pensamento a um ser qualquer (ou quando esse ser dirige a nós seu pensamento), na Terra ou no espaço, encarnado ou desencarnado, se estabelece entre nós uma corrente fluídica que transmite esse pensamento de um ser para o outro. Quanto mais forte o pensamento e quanto maior a vontade, maior a energia dessa corrente. É assim que os espíritos se comunicam entre si, e é também assim que eles se comunicam conosco e nós com eles, e que nós nos comunicamos à distância com outros seres encarnados. E é isso o que acontece com a prece, que no entanto está sempre subordinada à vontade de Deus.

A prece nos traz a ajuda dos bons espíritos, que nos auxiliam em nossas boas decisões e nos inspiram ideias positivas. Pela prece podemos obter força moral para vencermos as dificuldades e para voltarmos ou nos mantermos no bom caminho.

Os males da vida se dividem em duas categorias: na primeira estão os males que não podemos evitar, e na segunda os males que nós mesmos nos causamos, por erros ou por excessos. Estes últimos são muito mais numerosos que os primeiros, e são consequência de nossa desobediência à lei de Deus. Muitas doenças que experimentamos são resultantes de abusos que cometemos. Se não fôssemos ambiciosos, não teríamos que ter medo da ruína. Se não quiséssemos subir mais alto do que podemos, não precisaríamos ter medo de cair. Se não fizéssemos mal aos outros, não teríamos que recear a vingança.

O efeito da prece é atrair a inspiração dos espíritos e assim conseguir forças para resistir aos maus pensamentos que, se postos em prática, podem nos trazer consequências danosas. Os espíritos, portanto, ao atenderem nossas preces, não estão impedindo o cumprimento das leis de Deus, mas nos ajudando a evitar os maus pensamentos que podem nos causar danos, dirigindo o nosso livre-arbítrio. Ou seja, através da prece nós lhes pedimos bons conselhos, mas conservamos a liberdade de segui-los ou não, e é exatamente desse modo que Deus quer que seja. Porque assim teremos responsabilidade por nossos próprios atos e mérito em escolher entre o bem e o mal.

A prece do homem de bem é sempre mais meritória e eficaz que a prece do homem mau, que não consegue orar com o mesmo fervor e a mesma confiança. Mas nem por isso alguém que não se julgue bom o suficiente deve deixar de orar para o bem dos outros, porque Deus sempre leva em conta a boa intenção de quem ora. E orar com sinceridade pode ser o primeiro passo para a conversão ao bem de um homem mau.

O poder da prece está no pensamento, e não nas palavras. Também não depende do lugar ou do momento. Podemos, portanto, rezar em qualquer lugar e a qualquer hora, sozinhos ou acompanhados. A prece feita por muitas pessoas juntas – desde que todas tenham o mesmo bom pensamento, um objetivo em comum e não orem de forma egoísta – pode ter uma ação ainda mais poderosa.

Preces que possam ser entendidas

> Se eu não entender o significado das palavras, serei um bárbaro para a pessoa com quem falo e a pessoa que fala comigo será um bárbaro para mim. Se rezo numa língua que não entendo, meu coração ora, mas a minha inteligência não colhe frutos. Se vocês louvarem a Deus apenas de coração, como é que alguém que só entende a própria língua poderá responder *amém* no final da ação de graças, já que ele não entende o que vocês estão dizendo? Não é que a sua oração não seja boa, mas os outros não se edificam com ela. (Paulo, 1ª Epístola aos Coríntios, capítulo 14, versículos 11, 14, 16 e 17)

A oração só vale se for acompanhada pelo pensamento, e isso só pode acontecer se as palavras que compõem a oração são compreendidas. Ou seja, uma prece feita numa língua que não se entende não pode corresponder a um pensamento e nem tocar o coração e o espírito.

Se as palavras não são entendidas, não podem despertar ideias. Assim, pouco adianta repetir mecanicamente uma oração, sem entender o que ela quer dizer, uma vez que para Deus o importante é a sinceridade que Ele percebe em nosso pensamento no momento em que oramos.

Orações pelos mortos e pelos espíritos sofredores

As preces pelos espíritos sofredores a eles trazem alívio e podem mesmo abreviar seus sofrimentos. Quando oramos por esses espíritos, eles se sentem menos infelizes e abandonados, porque veem que há gente que se preocupa com eles. Além disso, nossas orações os reanimam, despertam neles a vontade de se melhorar pelo arrependimento e podem até desviar seu pensamento do mal.

Há quem não aceite que se façam preces pelos mortos, por achar que isso é inútil. Essas pessoas acham que a alma só pode ter dois destinos, ser salva ou ser condenada, e nesse caso as orações nada poderiam resolver. Mas, mesmo que a alma só pudesse ter mesmo um desses dois destinos, não seria uma demonstração de caridade orar por ela? Se um de nossos principais deveres é o amor ao próximo, orar pelos outros não é uma forma de praticar esse amor?

Há quem ache que as preces não adiantam, porque Deus não mudaria suas decisões a pedido das pessoas. Sendo assim, nada poderíamos pedir a Ele, restaria para nós apenas aceitarmos essas Suas decisões e adorá-Lo. Quem entende dessa forma a imutabilidade da lei divina, acredita que o remorso e o arrependimento nada mudam, e que é inútil o desejo de melhorar que possa ter a criatura. Assim, ela estaria condenada a viver para sempre no mal.

Mas a lei de Deus é mais justa e misericordiosa, e pode ser assim resumida:

– o homem sofre sempre as consequências pelas suas faltas;

– o castigo é tanto mais severo quanto for a gravidade de cada falta;

– a duração desse castigo depende do arrependimento do culpado e do seu retorno ao caminho do bem;

– desde que o culpado peça misericórdia, Deus o ouve e lhe dá esperança;

– o arrependimento, entretanto, não basta;

– é preciso haver reparação pelo mal causado, através de provas que possibilitem a prática do bem;

– está nas mãos do homem seu próprio destino – seu sofrimento e sua felicidade dependem de sua vontade de praticar o bem.

Essa lei é realmente imutável, mas está de acordo com a bondade e a justiça de Deus, uma vez que permite que os espíritos infelizes e culpados possam salvar-se a si próprios, de acordo com essas condições. Salvar-se, portanto, é sempre possível, desde que se tenha vontade, força e coragem, coisas que nossas preces podem inspirar aos espíritos sofredores.

Sendo assim, nossas orações não precisam pedir a Deus que mude nada na lei. Através dessas preces, tornamo-nos instrumentos divinos da execução de outra de Suas leis, que é a lei de amor e de caridade.

Neste capítulo, os espíritos ensinam:

1. Que a prece é um dever muito importante de toda criatura humana e deve ser feita todos os dias logo ao acordarmos.

2. Que a oração não tem fórmula, que orar não é repetir frases de forma mecânica, mas dirigir os pensamentos a Deus com humildade e gratidão.

3. Que na oração podemos pedir as graças de que necessitamos, mas aquelas que verdadeiramente necessitamos.

4. Que devemos pedir paciência, resignação, força e fé diante das provas, mas que nada adianta pedir alegria e riqueza, ou querer que as provas terminem antes do devido tempo.

5. Que se pedirmos, antes de tudo, que possamos nos melhorar, graças e consolações nos serão enviadas por Deus.

6. Que devemos orar sempre, e que a prece do dia é um dever que não podemos deixar de cumprir.

7. Que a ajuda aos nossos irmãos numa necessidade física ou moral é um ato de amor a Deus.

8. Que agradecermos em oração por uma coisa boa que nos aconteça ou por uma coisa ruim que tenhamos conseguido evitar é um ato de gratidão a Deus.

9. Que pedir perdão por nossas faltas, pedir forças para não errar de novo e pedir coragem para a reparação dessas faltas é um ato de arrependimento que deve constar das nossas preces.

10. Que não importam a hora ou o local em que a oração seja feita, o importante é que ela deve partir do fundo do nosso coração.

11. Que a fé nos faz um grande bem e leva a alma ao arrependimento e à prece.

12. Que a prece nos aproxima dos bons espíritos e nos leva ao caminho que conduz a Deus.

Laura Bergallo

Autora do sucesso editorial espírita infanto-juvenil *O Livrinho dos Espíritos*, há anos na lista dos mais vendidos, e ganhadora do Prêmio Jabuti 2007, **Laura Bergallo** tem doze livros publicados e agora oferece ao leitor mais uma adaptação para jovens e iniciantes na Doutrina de uma das obras básicas da Codificação Espírita: *O Evangelhinho segundo o espiritismo*.

Obras publicadas:
Para jovens
Os Quatro Cantos do Mundo (infantil) – Editora Shogun-Arte, 1986 (esgotado)

Uma História de Fantasmas (obra espírita) – LerBem Editora (Coleção Espiritismo para Crianças e Jovens), 2001 (esgotado) – reeditado em 2012 pelo Instituto Lachâtre

O Livrinho dos Espíritos (obra espírita) – LerBem Editora (Coleção Espiritismo para Crianças e Jovens), 2002 e 2004 (esgotado) – reeditado em 2007 pelas Edições Léon Denis e publicado na França em 2008 pela Editora Cesak-Paris, com o título *Le Petit Livre des Esprits*, e publicado nos EUA em 2010 pela Spiritist Alliance for Books, com o título *The Little Spirit's Book*.

Os direitos autorais de todas as edições deste livro foram integralmente doados para obras sociais espíritas.

Um Trem para Outro (?) Mundo (juvenil) – Editora Saraiva (Coleção Jabuti), 2002
Obra escolhida para o programa "Leitura em Movimento", da Prefeitura Municipal de Petrópolis (RJ)

Tem Um Elefante no Meu Quarto (infantil) – Franco Editora (Coleção Ler com Prazer), 2003

A Criatura – Edições SM (Coleção Barco a Vapor) (juvenil), 2005
Obra que recebeu o Prêmio Adolfo Aizen/2006, da União Brasileira de Escritores, como melhor livro juvenil de 2004 e 2005

Alice no Espelho – Edições SM (Coleção Muriqui) (juvenil), 2006
Obra que recebeu o prestigiado Prêmio Jabuti na categoria livro juvenil
Obra selecionada para o Catálogo FNLIJ da Bologna Children's Book Fair 2007

A Câmera do Sumiço (juvenil) – Editora DCL, 2007

Operação Buraco de Minhoca (juvenil) – Editora DCL, 2008
Obra selecionada pelo Programa Mais Cultura, do Governo Federal / Biblioteca Nacional

O Evangelhinho Segundo o Espiritismo (obra espírita) – Editora Lachâtre, 2009. Publicado nos EUA em 2010 pela Spiritist Alliance for Books, com o título *The Gospel According to Spiritism for Young Adults and Beginners.*
Os direitos autorais de todas as edições deste livro foram integralmente doados para obras sociais espíritas.

Supernerd - A Saga Danteska (juvenil) – Editora DCL, 2009

Jogo da Memória (juvenil) – Escrita Fina Edições, 2010
Parte dos direitos autorais deste livro é doada à ONG Saúde Criança.

Obras em produção:
Carioquinha (*conto do livro "Heróis Urbanos"*) – Editora Rocco

Dom Quixote de La Plancha (juvenil) – Escrita Fina Edições

Teclando com o Além - O Xamado (juvenil) – Editora Vida & Consciência

Cibermistérios e Outros Horrores (juvenil) – Editora Rocco

Roteiro para televisão
Em Busca da Sombra - publicado no livro "13 Roteiros Mágicos", organizado por Luiz Carlos Maciel – Editora Booklink, 2002

www.laurabergallo.com.br

Esta tiragem foi impressa em junho de 2025 pela Assahi Gráfica e Editora Ltda., São Bernardo do Campo, SP, sendo tiradas duas mil cópias, todas em formato fechado 140x210mm e com mancha de 110x175mm. Os papéis utilizados foram o Off-set $75g/m^2$ para o miolo e o Ningbo Star $300g/m^2$ para a capa. O texto principal foi composto em Utopia Std 11/13,8, as citações em Utopia STD 9,5/11,4 e os títulos na mesma fonte 14/16,8. A programação visual da capa foi elaborada por Andrei Polessi. A ilustração da capa foi desenvolvida por Rita Foelker. O projeto gráfico do miolo foi desenvolvido por Fernando Luiz Fabris.